Françoise Laborde

MUETTE

Quand ma mère me rendait folle…

Jean-Claude Gawsewitch Éditeur

130, rue de Rivoli
75001 Paris
www.jcgawsewitch.com
ISBN : 978-2-35013-404-8

1993

Cassée la voix

Il y a vingt ans, ma mère a eu les premiers symptômes de la maladie d'Alzheimer. Il y a vingt ans, j'ai commencé à perdre ma voix. Elle perdait la tête, et je restais sans voix. Elle devenait folle, je devenais muette.

C'est un sujet dont je n'arrive pas à parler… Et j'en ai toujours honte.

C'est arrivé brutalement et au pire des moments : pendant un direct à la télévision.

Subitement, et sans que rien m'y prépare, j'ai senti que ma voix « partait ». Elle se voilait, devenait rauque, blanche, ténue. J'ai cru que je n'arriverais pas à finir ma phrase. Je pensais que plus aucun son n'allait sortir de ma bouche, je m'entendais perdre le contrôle. Mon souffle devenait court, saccadé ; mon rythme cardiaque s'emballait ; le rouge me montait aux joues. Et plus je forçais sur ma voix pour continuer à parler, plus elle se dérobait, me trahissait, me manquait… Je me sentais prise de vertige, au bord de l'évanouissement, mon cerveau s'affolait comme un oiseau en cage. Ce jour-là, j'ai cru que j'allais disparaître, comme ma voix.

Qu'est-ce qui a pu se produire en moi cette première fois ?

J'étais sur le plateau de France 3 où je travaillais désormais. Nous venions d'apprendre que Pierre Bérégovoy venait de se tirer une balle dans la tête. C'était le 1er mai 1993. Peu avant le journal de 19/20, une dépêche de l'AFP annonçait son suicide, ou sa tentative… Alors qu'il ne faisait guère de doute sur le fait qu'il n'avait pas survécu, je devais aller en plateau dresser un portrait de cet homme qui était sans doute déjà mort et dont le corps était rapatrié par hélicoptère vers l'hôpital du Val-de-Grâce.

En toute hâte, j'avais griffonné sur un bout de papier quelques dates sur sa vie, quelques faits marquants sur sa personnalité, sa carrière, afin de trouver les mots pour brosser de lui un portrait aussi vrai et sensible que possible. C'est en parlant de ce destin si singulier que la voix, ce jour-là, m'a manqué pour la première fois.

Subitement, au détour d'une phrase, ma voix s'est brisée. Je n'ai pas compris d'abord ce qui m'arrivait. J'étais comme absente, témoin impuissant de mon propre naufrage. Mon esprit analysait ce fait objectif : je n'étais plus en état de parler. Je ne pouvais pas dominer ce tremblement et la panique m'a envahie. C'est un peu comme quand on est au-dessus du vide et que l'on souffre de vertige : j'étais interdite devant ce néant qui s'ouvrait. La tête me tournait pendant que s'imposait cette évidence : je n'arriverais pas à finir de lire mon texte, j'allais être obligée de me taire.

Je voyais l'œil interdit de ma consœur qui présentait le journal… Elle ne comprenait pas ce qui m'arrivait et sans doute était-elle surprise de voir que je ne pouvais dominer mon trouble… Mais elle n'en a rien laissé paraître. La règle pendant un direct, c'est qu'on enchaîne, quoi qu'il arrive. J'ai raccourci mon texte, sauté à la conclusion de mon papier, et le journal a continué.

Pourquoi ce déferlement émotionnel à propos de la mort de cet homme que, certes, j'avais eu l'occasion de croiser, mais avec lequel je ne me sentais pas d'affinité particulière ? Pourquoi ce suicide me touchait-il plus que je ne l'avais imaginé ? Quel écho avait en moi le destin tragique de cet homme qui avait tout conquis depuis son entrée en politique ? Pierre

Bérégovoy, c'était le succès du « Petit Chose », l'homme qui avait surmonté l'adversité, qui était devenu ministre de l'Économie puis Premier ministre avec un CAP d'ajusteur. L'homme dont on raillait la vanité, alors qu'il était sans doute surtout complexé par ses origines… et ce complexe de Pierre Bérégovoy ne venait-il pas du fait qu'il se sentait imposteur ? Était-ce là le parallèle avec moi ?

Le 1er mai 1993, c'était aussi le jour de mon anniversaire, de mes quarante ans. Quelle était mon imposture à moi qui était dévoilée ce jour-là ? Moi qui parlais à la télévision et qui n'arrivais pas à finir mes phrases ?

« D'où tu parles », nous dit Lacan… De quelle partie obscure de mon inconscient sortait cette voix de petite fille apeurée ? Pourquoi toute mon expérience de journaliste habituée des plateaux de télévision ne me servait-elle à rien ?

J'ai mis du temps à le comprendre (et le fait de l'avoir compris ne m'a pas guérie), mais je sais que c'est lié. Ce 1er mai 1993, mon fils venait d'avoir trois mois. Mon bébé, mon amour, l'enfant que je n'aurais jamais dû avoir, l'enfant que j'avais fini par arracher au destin, à l'adversité…

Car ma vie ne devait pas être celle d'une mère de famille. Cette couronne-là n'était pas pour moi. Mon avenir, mon présent, mon passé me commandaient de rester ce pur produit de l'esprit souhaité par mes parents, ni tout à fait fille ni tout à fait garçon, et surtout, surtout, pas « mère » ! Ce n'est évidemment pas un hasard si j'avais eu toutes les difficultés du monde à le devenir, au prix de multiples démarches, de nombreuses interventions.

Voilà pourquoi je ne pouvais plus parler publiquement. J'avais usurpé un titre que je ne devais pas porter. J'étais devenue une mère. C'est donc que j'avais volé une place qui n'était pas la mienne, j'étais en imposture.

Après cet épisode, chaque fois que je me retrouvais à l'antenne, je redoutais la bouffée d'angoisse et de stress. C'était incompréhensible. Jamais je n'avais eu le trac. Bien au contraire, j'avais toujours fait partie de ceux qui s'expriment avec aisance en public, qui savent prendre la parole. Jamais lorsque j'étais élève au conservatoire je n'avais manqué ni de souffle ni de voix. Jamais pendant mes années de reportage je n'avais été impressionnée par la taille des studios de TF1 ou les directs pendant la guerre d'Irak. Et subitement, j'étais dévastée par des pics émotionnels que je ne pouvais contrôler.

Voilà, c'est là le premier parallèle avec Alzheimer, la honte de son état, l'incrédulité de l'entourage.

Je n'ai jamais avoué, et encore moins admis, que depuis vingt ans, au détour d'une phrase, pendant une réunion, ou au moment où je dois parler, je suis prise d'un malaise que j'ai fini par identifier comme étant une « phobie vocale ».

L'autre mot pour le nommer est encore plus chic, on parle de « dysphonie spasmodique ». C'est un trouble de la parole qui, à la différence du bégaiement, n'apparaît pas dans l'enfance, mais au contraire à l'âge adulte. Après, semble-t-il, un choc, le plus souvent émotionnel. Les premières victimes en sont des femmes autour de quarante ans. Et comme pour la maladie d'Alzheimer en son temps, la phobie vocale est encore taboue.

Comment arriver à exprimer ce qu'est justement la fin de l'expression ? Comment arriver à faire ressentir cette humiliation suprême ? La voix qui se casse, c'est l'incapacité à contrôler ses émotions ; c'est comme se promener nue… C'est comme s'oublier… C'est une régression enfantine, comme si peu à peu sa propre image s'effaçait au profit d'une autre qui prend le contrôle. C'est au fond assez proche de ce que l'on présente comme un phénomène de possession dans les films d'horreur : l'irruption de l'enfant qui pleure, de cet enfant que nous avons tous été et qui vit toujours au fond de nous. C'est cet enfant qui brusquement prend possession du présent et soudain s'avance, publiquement.

La voix qui meurt, c'est incompréhensible pour qui ne l'a pas vécu.

Qui, en effet, pourrait s'imaginer qu'une femme expérimentée, mûre, ayant bourlingué se retrouve tétanisée par le son de sa propre voix ?

Moi-même je ne comprends pas pourquoi.

Pourquoi subitement, au détour d'une phrase, alors que je suis en train d'exposer mes idées, ma voix se casse ? Pourquoi je me mets subitement à chevroter, à hoqueter ? Je suis ridicule, pitoyable, pire encore... On va croire que je triche, que je mens, que je fais du cinéma. On va se moquer de moi, et si je ne réussis pas à me maîtriser, on va dire que j'ai bu ou pris de la drogue. Personne ne peut imaginer que c'est involontaire, que c'est une maladie.

Moi-même, je n'avais jamais rien lu sur ce type d'accident. En cherchant sur Internet, je me suis rendu compte que le seul site qui en parle est celui de la mutuelle de l'Éducation nationale, qui le considère comme une maladie professionnelle pour tous ces pauvres professeurs qui n'arrivent plus à se faire entendre.

En dehors des professeurs, seul un acteur semble avoir souffert de ce trouble, c'est l'immense Jacques Weber, dont je lis dans une critique théâtrale sur le site ArtistikRezo.com, qu'il a traversé les mêmes affres :

« … Jacques Weber connaît un succès retentissant en incarnant le personnage de Cyrano dans la mise en scène de Jérôme Savary en 1983 […] Un rôle capital qui est pour lui l'occasion de réaliser un rêve d'enfant […] Un rêve qui […] vire au cauchemar, le comédien s'abîmant dans le jeu jusqu'à épuisement du corps et extinction de la voix : "Tout s'est disloqué. Je ne contrôlais plus ce qui se passait dans la machine, le cerveau hésitait." Phénomène impensable [peut-être en réponse à une situation impensée dictée par un double désir d'enfant] – la même année, Jacques Weber accueille la naissance de son premier fils. Une "phobie vocale" qui sanctionne l'histoire en sectionnant la corde sensible, laissant alors l'acteur, submergé par une émotion à la puissance étourdissante, sans voix… »

Alors, comme ça, lui aussi ! J'ai un élan de sympathie envers cet homme et suis intriguée par le fait qu'il a été frappé par ce handicap à la naissance de son enfant. Moi aussi, je me suis retrouvée « submergée par une émotion à la puissance étourdissante » après la naissance de mon fils aîné.

Ce que j'ai ressenti alors dépassait de loin tout ce à quoi j'avais été préparée. Jamais je n'avais anticipé une telle révolution, un « big-bang » affectif et sensoriel. Je me remémore cette période de ma vie comme une suite ininterrompue d'émotions. J'avais le cœur au bord des lèvres et les larmes dans les yeux à tout instant. Il me semble que je ne faisais que ça : pleurer, transpirer, suinter, dégouliner par tous les pores de ma peau. Les sensations étaient amplifiées, décuplées. La soif, la faim étaient modifiées par une sentimentalité dont je ne me croyais pas capable. Je n'étais que ressenti, humeur… Une image, une musique, une photo, une odeur, tout me parlait à l'âme.

Après cette première alerte en 1993, j'ai été sur mes gardes. Afin de ne pas me laisser envahir pas le stress, j'ai trouvé quelques astuces pour parler à l'antenne. Je n'utilisais plus le « prompteur » qui permet de lire, par un jeu de miroir, un texte écrit défilant devant l'objectif de la caméra. Car cet exercice, en accentuant la mise à distance, favorisait l'arrivée de mon trouble. Plutôt que de lire un texte que j'avais rédigé, il valait mieux que j'improvise en direct. Ainsi, j'étais concentrée sur les idées, sur l'effort de mémoire et je pouvais maîtriser mes émotions. Il fallait que le cortex cérébral (qui réfléchit, analyse, comprend et garde ses distances, lui !) reprenne le pas sur le cerveau reptilien (soumis aux émotions, aux instincts, à l'animalité, un primaire, quoi !).

Un jour, j'ai découvert les bienfaits des bêta-bloquants – ces médicaments qui calment les battements cardiaques – et, dès lors, je n'ai plus jamais franchi les portes du studio sans être sous médicament.

Mais le trouble s'est aggravé encore, et s'est manifesté en dehors des plateaux de télévision. Il m'arrivait dans certaines réunions, même en petit comité, d'être saisie par la phobie et d'être obligée de me taire. Et chaque défaillance en appelant une autre, je me retrouvais tétanisée à l'idée de communiquer avec plus de deux personnes à la fois. Il fallait que je prenne un cachet avant chaque entretien, sinon j'étais plus perdue et démunie que si je m'étais présentée toute nue.

Quand j'oubliais de prendre mon médicament à temps, j'étais tellement inquiète, tellement furieuse contre moi, que la colère ne faisait qu'amplifier le vertige…

C'est ce qui m'est arrivé le dimanche 13 août 2000, alors que je présentais le journal de 20 heures sur France 2. L'actualité était terrible :

le naufrage d'un sous-marin russe, le *Koursk*, avec à son bord 118 jeunes gens coincés au fond des eaux glacées de l'Arctique, en mer de Barents, au nord de la Norvège.

Nous ne savions pas grand-chose de la catastrophe… Après que deux explosions eurent été enregistrées, le bateau avait coulé, lors de manœuvres militaires. L'amiral de la flotte du Nord avait ensuite annoncé que le *Koursk* avait été retrouvé par cent deux mètres de fond. Nul ne connaissait le sort des sous-mariniers et les Russes étaient particulièrement discrets sur ce point, mais il y avait des survivants. Ils s'étaient manifestés en tapant sur les parois. Combien étaient-ils dans cet état ? Impossible de le savoir.

Évidemment, nous étions suspendus au sort de ces jeunes gens prisonniers de leur cercueil de fer, ballottés par les courants marins, dans les eaux froides et presque opaques de la Mer de Barents, avec des secours qui n'arrivaient pas en raison de la tempête qui se déchaînait à cent mètres au-dessus de leur tête.

On ne sut jamais avec exactitude combien de temps les rescapés survécurent. Sans réacteurs, sans alimentation électrique, l'équipage fut vite plongé dans une obscurité totale et une température proche de zéro. Mais je pense toujours avec effroi à la lente agonie de ceux qui s'étaient réfugiés à l'arrière du sous-marin. Ils furent vingt-trois à rester en vie dans des conditions abominables pendant quelques jours. Quand les secours arrivèrent à pénétrer dans le sous-marin, huit jours plus tard, on retrouva dans la poche de Dmitri Kolesnikov, lieutenant de vingt-sept ans, quelques lignes adressées à Olga, sa femme. Il dressait la liste des survivants et indiquait que leurs tentatives de sortie avaient échoué. Dans la partie rendue publique, il relate ainsi les dernières heures de l'équipage : « Il fait trop sombre pour écrire, mais je vais essayer au toucher. Il semble qu'il n'y ait pratiquement aucune chance, 10-20 %. J'espère qu'au moins quelqu'un lira ceci. Voici la liste de membres d'équipage des autres sections qui sont maintenant dans la neuvième et qui vont essayer de sortir. Salut à tous, pas besoin d'être désespérés. Kolesnikov. » Voilà ce que l'on sut du *Koursk* après coup.

Mais dès ce premier jour, il n'y avait aucun doute sur l'ampleur de la tragédie et nous avions beaucoup de mal à recueillir des informations, à organiser les directs et les duplex. C'est sans doute parce que ce drame était en train de se dérouler que j'étais si fébrile.

Ce soir-là, dans la précipitation, je suis descendue en plateau sans avoir pris mon médicament. Je m'en suis aperçue alors que j'étais déjà assise dans le studio du journal télévisé, au moment du générique. J'ai paniqué. À l'instant où je disais : « Madame, monsieur, bonsoir », le cœur m'a manqué.

Je ne pouvais m'empêcher de penser à ces hommes si jeunes, ces presque enfants en train de mourir au moment où je parlais. Ils étaient prisonniers de la mer… (de la mère ?) Et moi, assise bien au chaud, confortable, pomponnée comme une mule de concours avec juste ce qu'il faut de gravité dans le regard, je devais détailler leur tragédie… avec une précision chirurgicale, froide.

Alors, au moment où j'ai prononcé ces mots : « Les marins du *Koursk* », ma voix s'est brisée. J'ai cru que je n'allais pas pouvoir continuer. Je me voyais, comme dans un cauchemar, défaillir, avec l'impression de tomber d'une falaise imaginaire… Subitement, je n'ai plus été la présentatrice qui rendait compte d'une tragédie, mais une marionnette sans âme. J'étais incapable de me mettre à distance des faits et donc de faire mon travail d'information. Je n'étais plus une journaliste qui relate, mais une sorte de témoin impuissant. Je ne pouvais que ressentir mon propre vertige… J'ai vu défiler les événements comme dans un film. J'avais l'impression moi aussi d'être en train de mourir… Et pourtant, au-delà de cet « océan » d'émotion, une part analysait quasi rationnellement la situation et ses conséquences : j'allais perdre mon emploi, être la risée de toute la profession. C'était la fin de tout, la fin de ma vie…

Et puis, dans mon cerveau, le cortex a pris le dessus sur le cerveau reptilien… Je me suis raccrochée à un semblant de cohérence de la situation : le sujet était tellement dramatique qu'il y avait quelques raisons à se sentir bouleversée. Alors j'ai pensé qu'il me fallait raccourcir mon texte et que, faute de pouvoir dissimuler mon émotion, elle serait au moins comprise, compte tenu du drame dont je parlais… Finalement, j'ai réussi à lancer le premier reportage.

Je me demande si ce n'est pas aussi pour ça que j'ai renoncé, plus ou moins consciemment, à présenter le journal. Parce que c'était devenu trop lourd et difficile. Si j'avais voulu rester à l'antenne, continuer à présenter, j'aurai pu me battre, mettre en avant mes scores d'audience. C'est un élément déterminant et je savais que la chaîne avait fait faire des études « qualitatives » sur moi qui révélaient une sympathie du public à mon égard. On mettait en avant mon style personnel et ironique, une certaine simplicité de ton. Oui, j'aurais pu aller plaider ma cause, faire valoir mes bons résultats. Mais… « aller solliciter, expliquer, quémander ? Non merci ! Calculer, avoir peur, être blême ? Non merci ! Travailler à se construire un nom ? Non merci ! » Et comme mon héros Cyrano, « ne pas monter bien haut peut-être, mais tout seul ».

Il n'y avait pas que de l'orgueil dans cette attitude, il y avait aussi de la crainte et de la souffrance. C'était si douloureux de se retrouver en plateau. D'avoir toujours cette boule au ventre, ce goût de nausée dans la bouche, ces palpitements du cœur… Le seul exercice où je ne tremblais pas, c'étaient les interviews du matin dans « Les 4 vérités ». Sans doute parce que c'est la personne interrogée qui prend le risque, se dévoile, alors que l'intervieweur ne doit pas se mettre en avant (je sais, la pratique a un peu changé depuis…). Et puis, en interview, il faut d'abord écouter ; car les questions sont aussi posées en fonction des réponses (ou non-réponses) obtenues. C'est un rapport de force où il faut amener l'interlocuteur à dévoiler le fond de sa pensée (ce qui n'a rien à voir avec l'interrogatoire de type inquisitorial comme on le pratique maintenant). Donc, parce que je n'avais pas ces malaises dans *Télématin*, j'ai continué pendant près de quinze ans. C'était le seul moment où je pouvais m'asseoir devant une caméra sans avoir pris de médicament. Peut-être aussi l'ambiance familiale, potache, me permettait-elle de garder mon trouble à distance… Et je savais qu'en cas de défaillance William Leymergie serait là pour me rattraper – comme un trapéziste sous le chapiteau… Pourtant, je n'en ai jamais rien dit à William.

Je n'en ai jamais rien dit à personne, d'ailleurs.

Qu'est-ce qui, dans mon enfance, a fait de moi cette petite fille inconsolée ? Et pourquoi se manifeste-t-elle, cette petite fille, à un moment de ma vie où, pourtant, tout s'accomplit : comme journaliste, en accédant à ce Saint-Graal qu'est le journal de 20 heures, et comme femme, en devenant enfin mère, même au prix d'immenses difficultés ?

Qu'est-ce qui a été dévasté dans mon enfance qui fait que, aujourd'hui encore, je continue à pleurer sans raison ? Je n'ai pas la réponse.

Je sais qu'il y a au fond de moi une enfant qui souffre en secret et qui, de temps en temps, prend possession de ma voix. Est-ce cette fillette qui pleure qui m'a poussée vers les autres, qui m'a donné envie d'être journaliste, de courir le monde, de changer de peau ?… C'est peut-être là toute mon histoire. Les personnes qui ont eu une enfance dévastée se réfugient dans l'altruisme, mais cette sollicitude a un coût psychique élevé car l'altruisme est douloureux aussi. C'est une manière d'être qui donne un sens à la vie, mais au prix fort. Suis-je allée vers les autres pour m'oublier, moi ? Est-ce la maternité, en me renvoyant au rôle de ma mère, qui m'a rendue muette, parce qu'en tant que mère je n'ai pas d'existence ? Ne puis-je pas être autre chose qu'une petite fille désespérée ?

Est-ce lié à la mémoire ? À la place de ma mère ?

Pourquoi est-ce que je me sens tellement coupable tout le temps, comme si je n'arrivais jamais à faire assez pour eux, pour mes enfants, pour ceux que j'aime et, parfois même, pour l'autre, l'étranger auquel je tends la main, la personne que j'interviewe, le héros anonyme dont je raconte l'histoire ? Peut-être ai-je une capacité d'empathie avec les autres parce que je me sens coupable et que j'ai le sentiment de n'être jamais à ma place.

Ces troubles de la parole sont apparus au moment de la naissance de mes fils, mais aussi au moment où la maladie d'Alzheimer de maman a été évidente. N'est-ce pas ça aussi qui a été à l'origine de mon trouble ? Ne suis-je pas doublement coupable, coupable d'avoir revendiqué pour moi la maternité et de la vivre, coupable d'avoir plongé ma mère dans la maladie d'Alzheimer ?

Est-ce sa maladie qui a détruit ma voix ? Est-ce l'arrivée de mes enfants qui l'a rendue folle ? Est-ce la naissance de ses petits-enfants qui l'a détruite ? Est-ce parce que je n'étais pas prête au bouleversement de la maternité que je me suis sentie en imposture… ?

Ce livre reprend la narration interrompue il y a dix ans lorsque j'ai publié mon premier livre sur la maladie d'Alzheimer dont ma mère était atteinte. Si j'ai souhaité poursuivre le récit aujourd'hui, c'est pour témoigner aussi sur la difficulté de transmettre, de grandir. La maladie d'Alzheimer oblige l'entourage des malades à s'interroger sur l'irruption de la démence. Comment y faire face ? À quelle douleur enfantine nous renvoie-t-elle ?

Ceux qui connaissent l'histoire en retrouveront les passages essentiels, celle que j'ai vécue avec mon père, aujourd'hui décédé, et mes sœurs. Les autres découvriront une épreuve familiale toujours d'actualité. C'est en travaillant sur ce récit que j'ai compris que nous n'en avions pas fini avec les réactions en chaîne que provoque dans une famille l'irruption de la démence.

Il y a dix ans, on nommait à peine la maladie d'Alzheimer. Pendant des années, on en a parlé comme d'une dégénérescence, ce qu'elle est, mais pas seulement ; c'est une démence, et ce mot est encore tabou dans certaines familles.

Car la démence n'en finit pas de fragmenter nos relations. Bien sûr, la maladie d'Alzheimer est une pathologie provoquée par une protéine qui court-circuite les neurones. Ça, c'est pour l'explication objective et scientifique. Mais ce qui est indicible avec les maladies mentales, c'est ce qu'elles révèlent, au sens photographique du terme, de nos relations.

Je pense que la démence de maman a creusé en nous des chagrins et des doutes qui ne peuvent pas s'apaiser. Sa mort a fini de tout faire exploser. Parce qu'elle a quitté la scène sans avoir pu nous parler une dernière fois, sans nous avoir dit qu'elle nous aimait, et que nous pouvions continuer à vivre sans elle.

Automne 1992

Les premiers signes

Depuis des mois, elle se plaignait de migraines, de bourdonnements dans les oreilles. À sa demande, elle a été admise à l'hôpital pour des examens de routine.

Papa et Geneviève, ma sœur aînée, l'ont accompagnée dans ce service de médecine générale où elle bénéficiait d'une chambre particulière. C'est là qu'elle a fait cette crise : elle s'est levée au milieu de la nuit pour partir, elle errait dans le couloir en chemise de nuit, cherchant la sortie, appelant au secours. Tout le personnel s'est mobilisé pour la maîtriser.

Elle a été interceptée par une infirmière qui l'a fermement ramenée dans sa chambre et l'y a enfermée, à clé ! L'interne de garde nous a raconté que maman voulait rentrer chez elle, qu'elle appelait sa mère, qu'elle ne se souvenait ni de papa ni de sa vie actuelle.

Au matin, elle était encore très agitée, persuadée qu'on l'avait internée de force en psychiatrie. On a eu beau lui répéter que non, qu'elle se faisait des idées, que rien de tout cela n'était vrai, elle n'a pas pu accepter la réalité ; je crois que son comportement l'effrayait elle-même et qu'il lui fallait « inventer » une autre raison – un complot, bien sûr !

Ensuite, les médecins ont parlé de « bouffée délirante »…

De retour à la maison, dans la même logique de dénégation, elle a développé une sorte de syndrome de persécution, accusant papa ou Geneviève de lui vouloir du mal, de la faire passer pour folle, et de lui faire croire qu'elle était folle…

Elle a eu des colères spectaculaires, suivies de moments d'abattement intense. Elle pleurait pour un rien…

Je suis allée voir mes parents après cette première crise.

C'était l'automne. Et comme dans la chanson, il pleuvait sur Bordeaux ce jour-là. J'ai longé l'église Saint-Seurin… Je suis arrivée rue Georges-Mandel. La façade imposante et austère de la maison était plus triste que dans mon souvenir. La pluie, sans doute.

J'ai sonné. À travers la vitre dépolie de la porte d'entrée qui donne sur la rue, derrière les fers forgés, j'ai aperçu la silhouette floue de papa en haut des marches de l'entrée. Il a déclenché l'ouverture.

Il est venu à ma rencontre. J'ai reconnu le tintement des vitraux mal ajustés de la porte du vestibule. J'ai vivement monté les quatre marches. Je l'ai embrassé. C'était curieux, il me paraissait encore flou. J'ai accroché mon imper sur le portemanteau de cuivre qui couvre la moitié du mur de l'entrée.

La maison a toujours cette odeur singulière d'encaustique et d'humidité.

Papa m'accompagne jusqu'à ma chambre. Maman n'est pas encore levée. Il s'assied sur mon lit, pendant que je vide mon sac de voyage.

— Comment va-t-elle ?

— Ça dépend des jours. Parfois elle est de bonne humeur, parfois elle s'énerve pour un rien.

— Et l'hôpital ?

— Oh, ça ! Elle ne se souvient plus de rien. Mais elle répète qu'elle a tout le temps mal à la tête. Et puis elle se sent épiée en permanence, elle soupçonne tout et tout le monde.

Il a l'air si fatigué… Nous redescendons à la cuisine. Je veux préparer du café, mais depuis bien longtemps il ne boit plus que du café soluble. Moi, je ne supporte pas. Pourtant, la cafetière italienne en acier est toujours là, qui ne demande qu'à siffler de nouveau. Pendant que je déniche un paquet de café moulu encore sous vide, il s'installe à la table de la cuisine.

Il est soucieux, grognon. Mais, bon, ça n'a rien d'exceptionnel. Je l'ai plus souvent vu taciturne et renfermé que gai et démonstratif. Bien sûr, il se sent coupable de l'avoir fait hospitaliser.

— Tu sais, papa, il ne faut pas te mettre martel en tête… Tu as fait ce que tu croyais devoir faire…

— Oui, peut-être, mais maintenant, elle se méfie de moi. Elle est persuadée que je veux me séparer d'elle… Si tu crois que c'est agréable !

— Mais c'est sans doute la suite de sa crise. Qu'est-ce qu'ils ont dit à l'hôpital ?

— Rien, ils n'ont rien dit. Tout est normal.

— Qu'est-ce qu'ils lui ont fait comme examen ? Un scanner, une IRM ?

— Je ne sais pas, moi ! C'est notre docteur qui a les résultats. Pour l'instant, on lui donne des tranquillisants.

— Tu es sûr que c'est ce qu'il lui faut ? Ne vaudrait-il pas mieux prendre un autre avis ?

— Ah non ! Ça suffit comme ça ! On voit bien que ce n'est pas toi qui vis ce calvaire au quotidien. Elle croit que le monde entier est ligué contre elle.

J'ai même dû renvoyer la femme de ménage parce qu'elle ne voulait plus la voir !

— Mais c'est ridicule !

— C'est peut-être ridicule, Françoise, mais c'est comme ça ! De toute façon, même moi, elle ne me supporte plus.

Je n'ai pas pu en apprendre davantage. Papa n'a jamais été du genre « causant », *a fortiori* quand ça le touche de près.

Maman est en train de se préparer dans la salle de bains, à l'étage. Je monte la rejoindre. Elle est habillée et se coiffe. Elle a maintenant les cheveux très courts et tout blancs. Ça lui va plutôt mieux que les teintures. Je lui fais un bisou dans le cou.

— Tu vas bien ?

— Oui, oui, j'ai pris un cachet pour ma tête… Mais rien ne calme mon bourdonnement d'oreilles.

— Pauvre maman !

— Tu sais, c'est depuis que je suis tombée l'autre jour. Ton père a trébuché, et comme je lui donnais le bras, c'est moi qui suis tombée. Ma tête a dû heurter quelque chose.

— Mais, maman, c'est arrivé il y a au moins trois mois ! Et je ne suis même pas sûre que tu te sois cogné la tête.

— Mais si, je t'assure. C'est ton père qui m'a fait tomber…

Cette histoire de chute, vraie ou fausse, elle me l'a racontée une bonne centaine de fois.

Je redescends pour mettre le couvert dans la salle à manger. Papa y lit son journal. Maman nous rejoint.

— Qu'est-ce que tu prends comme vaisselle ? s'inquiète-t-elle.

— Ton service doré de Limoges, tu veux bien ? C'est la fête !

— Oui, oui, si tu veux. Je vais t'aider.

Nous plongeons dans le grand buffet. Pendant que je sors les assiettes, elle cherche les verres.

— Ah, ça alors !

— Qu'est-ce qui se passe ?

— Mes verres en cristal ! Ils ont disparu !

Je me penche de son côté.

— Regarde, maman, ils sont là.

— Mais il n'y a que six verres à vin ! On m'a pris les autres ! Ce n'est pas possible, j'avais le service complet !

— Tu avais le service complet, oui, mais il y a plus de quarante ans, quand tu t'es mariée ! Depuis, ils ont été cassés.

— Je te jure bien que non. Hier encore, ils étaient tous là. Je suis sûre que c'est la femme de ménage !

Et sur le ton de la confidence :

— Tu sais, elle m'a déjà volé mon aspirateur !

Je la regarde, effarée. J'essaie de la ramener à la raison.

— Maman, réfléchis, ce n'est pas possible. Les verres ont été cassés, et la femme de ménage n'a pas pris l'aspirateur. D'ailleurs, papa l'a renvoyée.

— Comment ça ? Il a renvoyé la femme de ménage ! Sans m'en parler ?

— Mais non, au contraire, c'est toi qui voulais…

— Bien entendu ! J'en étais sûre ! Tout est toujours de ma faute dans cette maison ! Ah, vous vous entendez bien, ton père et vous, pour me faire passer pour une imbécile ! Si tu crois que je suis dupe.

Sa colère monte, enfle, s'organise.

— Ton père ne sait pas quoi inventer pour me contrarier !

Elle se met à pleurer. Je m'approche d'elle pour la consoler, faire quelque chose. Elle me repousse violemment.

— Laisse-moi ! Tu es comme les autres !

Elle cherche un mouchoir et se dirige vers la cuisine en s'essuyant les yeux.

Sur le pas de la porte, elle se retourne vers moi. Son visage a changé d'un coup : elle s'est calmée.

— Qu'est-ce que j'allais chercher, déjà ?

J'hésite sur la réponse à donner. Mais puisqu'elle a oublié !

— La nappe. Tu allais chercher la nappe.

— Ah oui, c'est vrai ! Tu vois, quand je te dis que j'oublie tout.

— Je vois, maman, je vois !

Elle me sourit et sort. Je reste stupéfaite et puis je prends le parti d'en rire. Au moins, ses colères sont de courte durée ! Sa « maladie » n'a pas que des inconvénients…

Dès cette première alerte, j'étais revenue à Paris avec le sentiment confus, mais tenace, que quelque chose d'irréversible avançait sur nous. Depuis, sur le diagnostic, nous ne sommes guère plus avancés. Faut-il parler de fatigue, de déprime, de maladie ? En interrogeant mes sœurs, je n'ai pas trouvé de réponse satisfaisante. Nos interprétations divergent complètement. Je ne peux m'empêcher d'y voir le premier effet tangible de ce mal étrange : nos frustrations personnelles, nos délires respectifs remontent à la surface. Chacune de nous juge la métamorphose de notre mère à la lumière de son histoire personnelle. De sa relation avec elle.

Il m'a fallu plusieurs années pour en faire le constat objectif. C'est vers 1995 que j'ai pu établir la fiche signalétique de chaque protagoniste de ce roman familial : jouer au « profileur », comme on dit dans les polars.

FICHE 1

Geneviève, quarante-six ans, la fille aînée. Divorcée, mère de deux enfants : Charles, vingt-six ans, et Anne, vingt-trois ans.

Grande, brune, les yeux verts, de la classe à en revendre. Naturelle et secrète avec parfois des sautes d'humeur, des réactions abruptes. Ce caractère ombrageux doit masquer un manque de confiance en elle.

Publicitaire, plus ou moins à son compte. Travaille dans une agence qu'elle a montée avec deux consœurs. Comme si elle avait voulu reconstituer une triade originelle.

A toujours eu des relations difficiles avec sa mère. Sans doute le résultat d'un abandon dans l'enfance. Alors qu'elle n'avait que six mois, Geneviève a été « confiée » pendant presque un an à notre tante. Maman, enceinte de son deuxième enfant, était trop fatiguée pour s'occuper de son premier bébé. Quand elle est revenue la chercher, Geneviève ne la reconnaissait plus. Ne voulait plus quitter la tante.

Pourquoi la mère s'est-elle séparée de son premier-né ? L'argument de la fatigue n'est pas convaincant : maman ne travaillait pas et aurait pu se faire aider.

Le rapport du médecin accoucheur indique que la naissance du bébé a été très difficile. Il a fallu employer les forceps ; la mère, en voyant sa fille défigurée par une des pinces du forceps qui lui avait percé la joue, se serait écriée : « Mon Dieu, qu'elle est vilaine ! »

Enfant turbulente, élève médiocre. Envoyée en pension à l'adolescence : a-t-elle commis quelque bêtise ? Le rapport n'indique rien.

A reçu des fessées spectaculaires de son père qui la poursuivait dans les escaliers de la maison avec un martinet – « petit fouet à lanières encore utilisé dans les maisons bourgeoises de la fin du XXe siècle », comme dirait le dictionnaire.

Se marie très tôt, à vingt ans, contre le gré de ses parents, et divorce quatre ans plus tard, comme pour leur donner raison. Revient habiter près du domicile parental avec ses deux enfants.

N'a pas complètement coupé le cordon ombilical. Continue à s'occuper de ses parents, sans jamais oser s'opposer directement à eux.

Régulièrement désignée par sa mère comme « cette pauvre Geneviève ». Expression qui a le don de l'exaspérer (on la comprend...).

N'a pas le souvenir d'avoir été cajolée par sa mère. Quand elle évoque son enfance, elle explique : « Elle n'était pas méchante, ça non… mais câline avec moi, jamais. »

Estime que sa mère simule ses pertes de mémoire parce qu'elle ne veut pas regarder en face la réalité de sa vie…

Hypothèse de travail : incapable de faire de cette mère défaillante un objet de compassion, Geneviève prend-elle sa revanche aujourd'hui en niant la maladie de sa mère ?

Avant de quitter Bordeaux, je suis passée voir Geneviève à son agence, place Gambetta. Elle me reçoit entre deux clients. Elle est assise derrière son bureau. Très droite. Elle feuillette machinalement son agenda. Elle n'a pas beaucoup de temps – ou, plutôt, elle n'a pas très envie d'avoir une longue conversation sur le sujet. Je la trouve irritée, plutôt sévère…

Toujours le même air las.

— Tu sais, je crois que maman en rajoute. Tout ça, c'est aussi beaucoup de cinéma. Sa manière à elle de faire encore une fois parler son égoïsme.

— Mais, Geneviève, ça n'explique pas tout. Elle est peut-être réellement malade.

— Malade ? Elle ?

Exaspération dans la voix. Elle se lève et va vers la fenêtre. Elle regarde la rue, l'esprit ailleurs. Se retourne.

— Enfin, Françoise, tu le sais bien, toi, qu'elle n'a jamais pensé qu'à elle ! Est-ce que tu l'as vue une fois, une seule fois, se lever le matin pour nous préparer le petit-déjeuner ou nous accompagner à l'école ? Non, n'est-ce pas ? C'était toujours papa qui nous réveillait et nous houspillait parce qu'on ne se préparait pas assez vite. Elle, elle émergeait de son lit à neuf heures ! « J'ai très mal dormi, je suis fatiguée… » On la connaît, la chanson !

Elle se rassied et prend une cigarette.

— Mais fatiguée de quoi ? On se le demande : elle n'a jamais travaillé et elle avait une « bonne » à temps plein. Tu te souviens de la sonnette sous la table de la salle à manger pour se faire servir à table ?

— Non, je ne me rappelle pas : une sonnette sous la table ! Tu ne crois pas que tu en rajoutes ?

— Pas du tout ! Elle l'actionnait avec le pied pour faire venir la bonne de la cuisine. Je ne sais pas si elle l'avait fait installer ou si l'appartement avait été conçu comme ça, mais je peux t'assurer qu'elle s'en servait ! Et plutôt dix fois qu'une !

— Oui, mais enfin, la sonnette n'a rien à voir avec son délire !

— Non, peut-être… Mais c'est pareil, c'est du cinéma pour épater la galerie. Elle a joué à la grande bourgeoise, et maintenant elle joue à la malade…

Elle relève la tête et souffle la fumée de sa cigarette par le nez, comme un taureau furieux. Elle me fixe sans aménité.

— Elle a toujours fait semblant, toujours, d'être une bonne mère, d'être une bonne épouse… Elle a passé sa vie à se dire qu'elle méritait mieux – la grande vie, le grand amour. Elle a toujours été incapable de se satisfaire de ce qu'elle avait… Mais elle n'a jamais eu le courage d'oser quoi que ce soit pour y parvenir. Une petite-bourgeoise frustrée, voilà ce qu'elle a toujours été. À côté d'elle, Emma Bovary, c'est Simone de Beauvoir… !

Je ris de ce dernier trait. Elle me sourit à son tour, sa colère retombée d'un coup.

Elle éteint sa cigarette. Cache le cendrier dans le tiroir de son bureau et va ouvrir la fenêtre en chassant l'air… L'entretien est terminé. Je m'abstiens de tout commentaire. On s'embrasse en se serrant un peu plus fort que d'habitude. Je promets de revenir la voir.

FICHE 2

Catherine, quarante-cinq ans, la cadette, mère de deux filles : Gaëlle, quatorze ans, et Inès, onze ans.

Très mince, très pâle, très fine. Un côté fragile et gracile dont elle joue volontiers.

Licence d'anglais, prix du conservatoire d'art dramatique de Bordeaux. Présente aujourd'hui la météo à la télévision… Se verrait bien à la tête d'un magazine culturel ou sur une scène de théâtre.

Brillante élève, enfant facile. A toujours été très proche de sa mère. Considérée comme la « chouchou » par ses sœurs qui n'y trouvaient rien à redire, et comme l'enfant idéale par sa mère qui la jugeait « un peu trop sensible, peut-être… »

A été gravement malade à l'âge de quatre ans.

Les pédiatres ont diagnostiqué une forme précoce d'anorexie liée à la naissance de sa petite sœur : « Votre fille est tout simplement jalouse », a expliqué le médecin à sa mère, qui a redoublé d'attentions à son égard.

A beaucoup souffert d'être séparée de sa mère pour mener à Paris une carrière de comédienne.

Habite à Paris rive gauche (elle déteste la rive droite), fréquente les cafés branchés et les musées.

Estime que sa mère souffre d'une dépression nerveuse très grave.

Hypothèse de travail : effrayée à l'idée que cette mère admirée et admirable sombre dans la folie et ne la reconnaisse plus, ne préfère-t-elle pas croire que sa mère est victime, elle aussi, de la cruauté du monde et de l'indifférence des hommes ?

Je téléphone à Catherine pour lui proposer de déjeuner. Nous nous retrouvons dans une de nos brasseries favorites, le *Balzar*, rue des Écoles. Elle arrive, pimpante et élégante comme toujours, habillée très tendance : jupe de soie acidulée plutôt transparente et petit pull en coton près du corps. Elle salue, en habituée, le maître d'hôtel, qui nous conduit à sa table, et commande sans attendre : « Une salade et une grande bouteille d'eau. » Comme j'ai renoncé depuis longtemps, moi, à la taille mannequin et à ses contraintes, j'opte pour le navarin d'agneau et un coup de rouge… L'agneau pour les papilles et le rouge pour le moral.

Catherine n'attend pas que je lui donne mon avis sur l'état de maman. Elle sait déjà : elle lui téléphone tous les deux jours pour prendre de ses nouvelles.

Et de m'expliquer, péremptoire, que maman a toujours été sujette à toutes sortes de maux hautement psychosomatiques : maux de tête, maux d'estomac, nausées, eczéma, et j'en passe !

Je l'écoute, le nez dans le navarin, parler derrière ses feuilles de salade. Comme souvent lorsque nous évoquons des sujets « sensibles », nous évitons de nous regarder dans les yeux… Ça désamorce la dispute ; mais la conversation prend une tonalité particulière, comme si nous nous adressions toutes deux à un spectateur silencieux.

LA SALADE, *tranchante*

En fait, elle ne s'est jamais remise de la mort de son amoureux.

LE NAVARIN, *outré*

Mais enfin, Catherine, ça remonte à plus de quarante ans !

LA SALADE, *agacée*

Mais justement ! Justement ! Elle n'a jamais fait le travail de deuil. Il est resté l'homme idéal, celui qui n'a jamais vieilli. D'ailleurs, elle a toujours dit qu'elle s'était mariée uniquement pour avoir des enfants. Pour nous. Elle n'a jamais caché à papa qu'il n'était pas l'homme de sa vie.

LE NAVARIN, *goguenard*

Alors, c'est plutôt lui qui aurait dû avoir la migraine !

LA SALADE, *que ça ne fait pas rire*

Mais c'est pour ça qu'il ne supportait pas qu'elle soit malade ! Pour lui, ça voulait dire qu'elle se replongeait dans ses souvenirs, qu'elle retombait dans le chagrin de son amour perdu. Bref, qu'elle lui échappait !

LE NAVARIN, *la bouche pleine*

Il y avait de quoi faire la gueule !

LA SALADE, *qui sépare avec application feuilles et lardons*

En tout cas, il ne l'a jamais comprise. Et puis elle s'est rendu compte que le temps passait, qu'elle vieillissait. Nous, nous sommes parties. Elle s'est mise à déprimer. D'ailleurs, ses premiers symptômes sont apparus après la naissance d'Inès.

LE NAVARIN, *qui s'étrangle*

Tu plaisantes ! Elle n'est même pas venue à la naissance de tes filles. Ni pour la seconde ni pour la première !

(À ce stade, le navarin croise le regard de la salade et estime qu'il vaut mieux passer à autre chose…)

FICHE 3

Françoise, quarante-deux ans, la benjamine (c'est moi). Séparée, mère de deux garçons : Louis, trois ans, et Paul, deux ans. Des amours d'enfants, sa grande fierté.

Taille moyenne, cheveux moyens (blond cendré, sans tenue), yeux moyens (gris-bleu, myopes), bien en chair, passe sa vie à tenter en vain de faire un régime.

Fâcheuse – ou bienheureuse – tendance à l'ironie. Cède volontiers à la douce violence d'un bon mot. Sujette aux coups de gueule. Peut jurer comme un charretier…

Journaliste sur une grande chaîne de télévision. Intervieweuse dans une émission du matin. A démarré le journalisme par hasard dans les actualités européennes après avoir travaillé trois ans à Bruxelles. Doctorat en droit des affaires. A vaguement fréquenté Sciences-Po.

Aurait rêvé de devenir comédienne. A dû réviser ses ambitions…

Plus proche de ses sœurs que de ses parents, qu'elle a toujours trouvés distants avec elle.

Essaie de réconcilier ses sœurs aînées... A longtemps supporté la tutelle impérieuse de la cadette avant d'inverser les rôles (c'est grâce à elle que Catherine a obtenu son poste à la télévision).

Se sent souvent responsable, et parfois coupable...

Hypothèse de travail : n'utiliserait-elle pas la maladie de sa mère pour régler ses comptes avec toute la famille ?

Autre hypothèse : se sentant coupable de ne pas aimer suffisamment ses parents et/ou de ne pas s'en occuper suffisamment, elle s'astreindrait à une ligne de conduite objective qui a sans doute pour principal mérite de lui permettre de garder ses distances – vainement...

A écrit sur un carnet :

« La vérité sans doute est à mi-chemin.

« Mes sœurs doivent avoir raison. Maman est déprimée, peut-être précisément parce qu'elle a passé sa vie dans une oisiveté propice aux états d'âme... J'essaie de doser mes analyses, de peser le pour et le contre...

« Sainte Hypocrisie, priez pour moi ! La vérité, c'est que je n'ose pas me prononcer, de peur de juger ma mère. Au fond, je suis peut-être

– sans doute, certainement – la plus lâche des trois : Geneviève assume à sa façon, quand elle laisse entendre que “c’est bien fait pour elle !” Catherine témoigne de la tendresse, de la compassion, puisqu’elle croit à une forme de désespoir. Et moi ? Faible, apeurée et manipulatrice, je veux juste obtenir le beau rôle. Je ne veux pas juger ! Je veux être objective…

« Tu parles ! Comme si c’était possible ! La vérité, c’est que je redoute la sévérité de mon jugement. Le regard que je porte sur ma mère ? Je ne sais pas. Je n’arrive même pas à retrouver de bons souvenirs avec elle : je me contente d’observer les événements comme si je n’avais pas joué ma part dans cette pièce-là… Pauvre petite sainte-nitouche…

« Au fond, je ne me rappelle que les mauvais moments. De même, des événements rattachés à mes sœurs je ne retiens que ce qui me dérange. »

Il est vrai que, pendant toute notre enfance, nous avons régulièrement vu maman terrassée par les migraines, les crises de foie, les langueurs. Mal au cœur, mal à la tête et mal au dos. Souvent elle s’alitait, et nous devions aider papa à préparer le repas, à monter des plateaux dans cette chambre aux volets clos, en chuchotant pour ne pas la déranger. La maison tournait au ralenti : la femme de ménage renonçait à l'aspirateur, papa était d'une humeur de chien parce qu'il ne supportait pas que sa femme fût malade, et nous rasions les murs pour éviter les foudres paternelles et les plaintes maternelles…

Parfois elle descendait, en peignoir, l'air exténué, « pour faire plaisir à votre père », et venait joindre au dîner sa figure de carême. Elle chipotait dans son assiette, ce qui ne faisait qu'ajouter à la lourdeur du climat.

Ma chance, dans cette famille, ce fut précisément d'être oubliée. J'avais compris depuis longtemps que les liens fédérateurs entre mes sœurs et maman, c'était cette souffrance… Mais je n'ai pas échappé à la frustration.

Cette mère, qui a si souvent répété qu'elle s'était mariée pour avoir des enfants, n'a pas aimé sa fille aînée, Geneviève, puisqu'elle l'a éloignée d'elle avant même son premier anniversaire. Quant à Catherine, elle l'a identifiée comme son double en réduction et l'a totalement instrumentalisée. Catherine, enfermée dans son rôle de petit clone maternel, ne pouvait vivre loin de sa mère et n'a jamais supporté de devoir la partager : elle s'est lancée dans une insupportable compétition avec ses rivales, ses sœurs…

Mes sœurs gardent un lien tellement fort avec maman qu'elles ne peuvent traiter cette affaire avec le recul nécessaire. C'est à moi de prendre de la distance, à moi d'avoir le regard froid – à ceci près que mon souci d'objectivité confine à son tour à l'obsession.

Il me faudrait avoir l'avis d'un tiers, le plus neutre possible : je vais me renseigner pour trouver « le » spécialiste à Bordeaux et prendre un rendez-vous…

Reste à convaincre papa, et ça !…

FICHE 4

Jean, quatre-vingt-trois ans, marié depuis cinquante ans à Maria, père de trois filles. Grand, encore blond cendré (c'est une particularité familiale, les cheveux ne semblent pas vieillir !), les yeux bleus. Naissance et enfance à Pau, dont il garde la nostalgie, élevé dans un milieu classique de bourgeoisie provinciale.

Linguiste et professeur d'anglais. A rencontré sa femme, franco-espagnole, après la guerre. Jeune thésard, il effectue son service militaire comme officier de cavalerie à Saumur en 1939. Il sera fait prisonnier par les Allemands et continuera de travailler son Shakespeare et son Shelley dans les camps… Courageux et pudique. Fascine « naturellement » les femmes et les chevaux…

A le sens de la hiérarchie, du devoir et des responsabilités.

Plutôt casanier, parfois distant, autoritaire. S'intéresse davantage à sa femme qu'à ses enfants.

Hypothèse de travail : cherche et parvient à se persuader que sa femme bien-aimée n'est que passagèrement « fatiguée », car il voudrait pouvoir, comme d'habitude, compter sur elle pour s'occuper de lui.

Autre hypothèse : observe et accompagne la déchéance de sa femme qui, au fond, l'a emmerdé toute sa vie.

Il est pratiquement impossible de parler sereinement avec papa de l'état de maman. Il ne supporte pas l'idée qu'elle soit malade et, comme toujours, il ne voit rien, n'entend rien, ne remarque rien. À son habitude, il préfère se voiler la face et faire comme si de rien n'était.

Il veut croire que quelques vitamines et un peu de repos remettront la vie sur ses rails. Il n'envisagera jamais sérieusement l'éventualité d'une longue maladie. *A fortiori* d'une forme de sénescence irréversible et accélérée.

Maman reste le pivot de sa vie. Elle est celle qui prend en charge, organise, décide.

Toute sa vie, il a pensé qu'il bénéficierait d'une retraite paisible, heureuse, où il pourrait enfin se reposer entièrement sur maman, maîtresse femme tout entière consacrée à son bien-être… L'idée que les rôles s'inversent, qu'il ait à prendre en charge maman, ne l'a jamais effleuré. Le soupçon même d'une telle mutation le terrorise. C'est pour cela sans doute qu'il ne veut pas consulter de spécialistes…

FICHE 5

Maria, soixante-dix-huit ans, mariée en 1949 à Jean, mère de trois filles. Descendante d'un grand d'Espagne ? Selon la légende familiale, son père, Manuel, fils de la célèbre famille marquisale « Bernarlde de Quir¢s », a fui le pays de ses ancêtres après s'être engagé clandestinement dans le Parti socialiste espagnol. Manuel exhibait régulièrement sa carte de militant daté de 1910 et se vantait aussi d'avoir enlevé à cheval sa femme (!) pour se réfugier dans le Sud-Ouest.

Marquée par le romantisme de l'aventure de ses parents, Maria a voulu la dupliquer durant la Deuxième Guerre mondiale : elle a connu le grand amour avec un jeune homme de la bourgeoisie alsacienne dont la famille était venue se réfugier en zone libre. Il était engagé dans la Résistance et commandait un réseau franco-britannique qui « réceptionnait » des agents britanniques parachutés par la RAF (Royal Air Force).

S'est engagée avec lui dans la Résistance. Le réseau dénoncé, son amour disparu, elle a ensuite pris le maquis avec les FFI. Après sa mort, a tout de même fait un beau mariage avec un jeune angliciste rencontré à l'ONU à Genève.

A toujours gardé dans son armoire des photos de son beau héros, qu'elle montrait, en cachette de son époux, à sa fille cadette…

Frustrée – forcément frustrée – par son existence de mère de famille bourgeoise, jamais guérie de ses rêves de grandeur et d'aristocratie. A poussé son mari à voyager et à sortir…

Désœuvrée, a reporté sur ses filles ses ambitions de réussite sociale. S'en est beaucoup occupée quand elles étaient petites – comme on joue à la poupée. Puis les a poussées à « faire carrière », comme s'il fallait à tout prix éviter la vie routinière dont elle était accablée.

A peut-être présenté les premiers signes de la maladie d'Alzheimer au début des années quatre-vingt-dix…

Été 2000

L'impossible témoignage

C'est une journée de juin. Nous avons rendez-vous, Catherine et moi, chez mon éditrice, rue Saint-André-des-Arts. Il fait très beau et nous prenons un café à l'angle de la rue Mazarine… Nous parlons de choses et d'autres, en évitant soigneusement d'évoquer la raison pour laquelle nous sommes là : écrire sur la maladie de notre mère.

J'ai émis l'idée (malencontreuse) d'écrire sur la maladie de maman pour comprendre comment les membres d'une même famille peuvent réagir différemment face à ce naufrage, à cette démence lente qui peu à peu efface les contours de l'individu. Comme une photo trop longtemps exposée au soleil. La Maladie ne laisse de maman qu'une pauvre ombre égarée qui n'a plus rien de commun avec ce qu'elle fut – ce qu'elle reste pour nous.

Nous sommes ce jour-là de joyeuse humeur, contentes de nous retrouver dans ce quartier Latin qui fut l'épicentre de nos débuts à Paris, impatientes de savoir comment nous nous organiserons sur ce projet difficile.

Il est l'heure. L'éditrice nous attend.

Salutations et compliments d'usage, questions sur le métier, la télé, les livres, les succès, les espoirs. Nous voilà au cœur du problème. Comment écrire ?

Courageusement, je laisse l'éditrice avancer seule en terrain découvert.

— Il vaudrait sans doute mieux trouver une écriture commune, nous conseille-t-elle. Ce serait plus agréable pour le lecteur, et on éviterait le caractère décousu, un peu fatal, de deux témoignages accolés sous forme de chapitres distincts.

La réaction de Catherine ne se fait pas attendre.

— Mais c'est impossible ! Chaque écriture est singulière, unique ! Ce qui peut être passionnant, c'est justement l'écho de deux voix singulières !

J'essaie de tempérer, de minimiser l'importance de la tâche pour calmer son irritation.

— N'exagérons pas, nous ne ferons pas œuvre littéraire ; il s'agit surtout de réfléchir sur ce que la maladie, la démence crée comme réactions dans les familles – comment c'est ressenti…

Je m'embrouille dans mes explications laborieuses. Que je suis lourde ! Malhabile ! Je croise le regard de Catherine, j'y lis la commisération et la consternation. Un sourcil relevé, la pupille acérée, elle me signifie, sans rien dire, que le « ressenti », c'est justement son rayon. Mais puisque je suis lancée, je dois continuer.

— Et nous pourrions peut-être trouver des passages communs, des parties que nous écririons ensemble et qui ne seraient attribuées ni à l'une ni à l'autre… Les premiers symptômes, par exemple…

La conversation a peut-être été plus longue, plus animée, ou plus retorse… mais le résultat est là : Catherine se hérisse à l'idée que nous partagions des mots et des phrases – que nous puissions être confondues.

Retour de notre inépuisable rivalité. Nouvelle source de disputes.

Je n'en veux plus.

Régression.

Se remet-on jamais de la jalousie fondatrice ? Cette jalousie mortelle, entre frères et sœurs, entre sœurs et sœurs, qui se disputent l'amour des parents… Et cette jalousie ne se révèle-t-elle pas encore plus forte lorsqu'on est confronté à la maladie – et peut-être à la mort – de la mère ?

Être l'enfant désiré, le seul, l'unique, si parfait qu'il comblera à lui seul les désirs de la mère ! Catherine est, de nous trois, celle qui l'a le plus instamment voulu.

Nous nous retrouvons dans la rue Saint-André-des-Arts comme si de rien n'était, comme si ce projet avorté n'était qu'une péripétie, un coup d'épée dans l'eau. Nous nous séparons tout de suite, passé le porche de l'immeuble, pour ne pas avoir à commenter ce qui vient de se passer.

— Tu n'es pas contrariée ?

— Mais non, je t'assure, c'est mieux ainsi.

Deux bises en vitesse, un signe de la main, et la voilà qui s'engage très vite, sans se retourner, dans le passage Rohan vers Odéon, tandis que je descends vers Saint-Michel, où je n'ai strictement rien à faire – rien d'autre qu'à m'éloigner d'elle.

Arrivée chez moi, je me demande ce que je vais faire. Je m'assieds en tailleur par terre au milieu du salon, adossée au canapé, face à la fenêtre. Je regarde le ciel bleu et les brumes de chaleur qui forment un léger voile. Je fais le vide dans ma tête.

C'est mon côté terrien, animal même. Ne regarder que les toutes petites choses de la vie, le dérisoire, en faisant le pari qu'il conduit parfois à l'essentiel. Plonger dans la béatitude de l'inaction, la sérénité de la contemplation. Un rayon de soleil qui se fragmente sur le biseau de la vitre. Les particules de poussière que je fais danser d'un souffle…

Les choses. Celles des poèmes de Ponge.

Tiens ! Le ficus sur le bord de la fenêtre est malade, il faudrait que je l'arrose…

Il est trop tôt ou trop tard pour aller me coucher, et je n'ai pas envie de lire ou de regarder la télévision.

Et puis, je finis par me décider. Puisque je ne peux pas écrire avec Catherine sur la maladie de maman, je me lancerai seule – sous une forme romancée. Ce ne sont pas les idées qui manquent. J'ai déjà une bonne dizaine de manuscrits plus ou moins avancés, c'est bien le diable si, en prenant un détail ici et un autre là, je n'arrive pas à boucler mon histoire…

Je vais explorer mon bureau de l'autre côté de la pièce. Sous la table de travail, dans un petit coffre, j'entasse mes « trésors », comme quand j'étais petite. Il y a là toutes sortes de projets qui sont censés déterminer mon avenir : début de nouvelles, roman inachevé, trame d'enquête policière… Brouillons, brouillons… Je retrouve aussi une grande enveloppe kraft qui contient mes

« idées pour m'en sortir » : émission de télévision sur l'histoire, « bible » de futurs feuilletons de télévision qui rencontreront un franc succès (pourquoi Julie Lescaut et pas moi ? Hein ?), documentaires plus ou moins aboutis…

De quoi me rassurer, me donner l'illusion qu'un jour peut-être, moi aussi… Arriver à quoi ? Je ne sais pas encore. Mais faut-il que j'aie, chevillé au corps, le sentiment de ma propre médiocrité pour ne pas me satisfaire de ce que j'ai déjà accompli ! Pourquoi cette sensation perpétuelle d'inachèvement ? Parce que je ne serai jamais à la hauteur des espérances maternelles ? Elle a fixé si haut la barre de l'obstacle ! C'est elle, encore aujourd'hui, qui me dit : « Saute ! Plus haut ! Encore ! Plus fort ! Mieux que ça ! Plus loin ! » Et maintenant qu'elle ne peut plus me rassurer en me câlinant d'un « Arrête ! Tout va bien, je t'aime comme tu es… », je continue à essayer le triple salto arrière ! Autant vouloir débuter une carrière de danseuse étoile… pour l'épater – ou la contenter, enfin…

Et pourtant, si je cesse d'élaborer des projets et de courir, j'ai l'impression que je vais mourir. Le chemin parcouru n'est rien au vu de ce qui reste à accomplir. Ce n'est qu'au bout, tout au bout, que j'existerai vraiment…

La première fois qu'Elle m'a regardée avec une certaine admiration, c'est quand j'ai acquis un statut social tangible. Journaliste à Bruxelles ! Ça, c'était quelque chose ! Elle disait : « Mes trois filles ont réussi. » Elle ne parlait que de nos carrières – jamais du désert de nos vies !

J'ai beau avoir dépensé beaucoup de temps et d'argent sur les divans des psys, et savoir ce que toute mon activité peut avoir de dérisoire, j'ai encore besoin d'engranger des projets... Certains remplissent leurs livrets d'épargne ; moi, je thésaurise du concept. Dans mon coffre aux « trésors ». D'ailleurs, l'argent me brûle les doigts, je suis toujours à découvert, et ma banquière – une femme admirable ! que je salue ici – anticipe et supporte mes écarts, même lorsqu'ils ressemblent à un trou d'obus...

Mon assurance-vie, ce sont mes cartons d'idées... Des bouées de sauvetage, des radeaux pour gros temps, dont je saurai bien en cas d'urgence faire bon usage. (Est-ce que je ne suis pas déjà dans l'urgence ?) J'ai bien du mal à mesurer le passage du temps : c'est une tare familiale dont nous avons hérité toutes les trois. Nous ne sommes pas dans le temps. Mais, chez moi, le gène a dû encore muter. Je me sens à contretemps !

Quant à maman... C'est normal d'avoir la mémoire qui flanche, quand on commence par oublier le temps qui passe. Le plus insupportable pour elle, ce qui a tout déclenché, ce fut peut-être de réaliser un jour qu'elle était vieille et qu'elle n'avait plus d'avenir.

1953-1965

Les durs débuts

J'ai commencé ma vie dans l'anonymat. Jusqu'à un âge avancé (six ou sept ans ?), j'étais « Bébé ». De cette période j'ai gardé un tout petit mouchoir brodé de la lettre B et mon « Album de Bébé ». Sur les photos de l'époque, je pose dans le style bébé Cadum, chauve comme un œuf… « Bébé », ce terme neutre, asexué, convenait aussi à mon aspect incertain, équivoque – à moins que ce ne fût l'inverse.

J'avais démarré sur un malentendu, ou sur une erreur de programmation : après la naissance de deux filles, le troisième rejeton se devait d'être un garçon.

La légende familiale veut que, lors de l'accouchement, mon père qui attendait dans la pièce voisine se soit exclamé : « Encore ! » en apprenant qu'il lui était échu une troisième fille…

Faute de m'être incarné en un garçon en bonne et due forme, je restai donc le « Bébé », à la satisfaction de tous.

Comme je lui ressemblais terriblement, yeux gris, taches de rousseur, cheveux blond-blanc, mon père fut tout de même séduit par mon apparence. Il fut donc entendu que j'étais bien « son » enfant. De là à être sa « fille » – et à le consoler du malheur que je ne sois pas un fils !

Ma première marque d'indépendance fut donc de partir à la conquête de mon prénom perdu, Françoise. Des cousins éloignés m'appelaient déjà « Sassou » – surnom désastreux né tout à la fois de ma prononciation défectueuse et de mes précoces tentatives pour trouver mon identité. Il me fallut pratiquement attendre mon entrée à l'école primaire pour que mes parents me nomment enfin.

Au milieu des années soixante, je n'avais donc ni lit ni nom. J'étais une sorte de SDF en chambre. C'est tout logiquement que je développai un puissant complexe d'infériorité vis-à-vis de Catherine. Je partageais sa chambre, je vivais sous sa règle : elle me tolérait dans son espace comme un mal nécessaire, et aussi parce qu'elle pouvait m'imposer sa loi parfois féroce. Je lui étais donc soumise, elle était ma seule référence.

Quand on parle des siens, on dit parfois : « mes proches ». Catherine était en fait la seule qui fût à ma portée. Geneviève vivait sur des cimes hors d'atteinte. Outre ses quatre ans de plus, elle disposait d'une chambre à elle, signe indéniable de sa puissance, et elle fut toujours d'une beauté renversante – grande, de longs cheveux bruns bouclés, des yeux verts… Elle était aussi d'une autorité tatillonne. Elle avait la main leste, surtout contre moi.

Quant aux Parents, monarques bienveillants mais toujours occupés, ils vivaient sur des terres reculées nommées « Chambre de maman » et « Bureau de papa », où l'on ne pouvait se faufiler qu'en douce. Chacune de ces contrées méritait d'amples investigations.

La chambre de maman occupait la moitié du premier étage. C'était la plus grande pièce de la maison. Elle y recevait ses amies, le salon étant réservé aux visiteurs moins intimes. Selon les saisons et son humeur, elle y organisait atelier de couture, séance de yoga ou causeries diverses… Mais invariablement, à l'heure du thé, la bonne montait une « collation ».

Maman trônait au milieu de cette société comme une Précieuse de Molière.

Elle adorait coudre et broder, et nous infligeait des séances d'essayage que je vivais comme une torture : « Mais tiens-toi droite ! Tourne un peu que je vois l'aplomb… » Ah ! L'aplomb de la jupe ou de la robe… Elle avait un œil infaillible pour ce qui ne faisait pas « couture », et « prêt-à-porter », dans sa bouche, sonnait comme une condamnation sans appel de la vulgarité.

Debout sur un cale-pied, devant son miroir à trois pans, nous devions rester sans bouger, alors qu'elle fixait les épingles à la taille et à l'ourlet pour obtenir l'équilibre du vêtement. Le plus difficile, ensuite, était de s'extirper de l'ouvrage en cours sans faire tomber les épingles, ni se piquer…

Nous avons eu ainsi à subir la fabrication de « ravissants manteaux en fourrure blanche » avec manchons assortis – comme dans les romans russes ! Je ne me rappelle plus laquelle de nous trois avait même obtenu le privilège d'un manchon en forme de petit chien… Je me souviens en revanche de la fessée magistrale reçue pour mon manteau gâché. C'était lors de mes premiers essais à vélo. Je pédalais trop près du caniveau, et l'une des roulettes de stabilisation s'est mise à tourner dans le vide. Je suis tombée, et le joli manteau en fourrure blanche, imbibé d'eaux usées comme une serpillière, fut déclaré définitivement « perdu »…

L'autre contrainte insupportable infligée par ma mère était celle des cheveux.

Je suis la seule de la famille à avoir des cheveux misérables, mous et fins, raides comme des baguettes de tambour, rebelles à toute coiffure naturelle ou artificielle. Maman n'était pas femme à s'en laisser conter pour si peu. Je serais comme les autres, une petite poupée bien coiffée aux longs cheveux bouclés…

Elle se mit donc en tête, si je puis dire, de transformer mes pauvres cheveux plats en boucles à l'anglaise. Après chaque shampoing, je devais subir un brossage impérieux suivi par le supplice du fer à friser ou des bigoudis. Je me laissais faire, épisodiquement. Et quand je protestais, elle m'imposait une queue-de-cheval très serrée qui me donnait la migraine.

J'ai dû attendre mes treize ans pour découvrir le style Twiggy et imposer une coupe à la garçonne. Mes cheveux très courts qui séchaient au vent me donnaient un sentiment de liberté et d'indépendance folle !

La chambre de maman avait de puissants attraits. J'adorais y farfouiller en cachette, certaine d'y trouver des ressources inépuisables. L'armoire était pleine de coupons d'étoffes dans lesquelles elle taillait nos robes et qui faisaient de ravissants déguisements.

Quant au bureau de papa, il contenait des trésors plus précieux encore : vieilles photos, copies de ses élèves, stylos, papier, cigarettes... Mais l'entrée nous en était encore plus formellement interdite que celle de la chambre maternelle. Il fallait donc y accéder en cachette, et surtout ne pas laisser de traces de notre passage... Je me suis fait prendre un jour où je m'étais endormie sur son divan, épuisée par mes recherches. Papa cria très fort, maman promit que ça ne se renouvellerait pas.

Maman traitait Catherine non seulement en adulte, mais en égale. Elle était comme son double physique, et maman lui racontait sa vie comme elle aurait parlé à son miroir. Catherine tirait de ces secrets partagés une autorité et une fierté que je trouvais bien légitimes. Elle me faisait parfois, avec parcimonie, l'aumône de quelques bribes du passé de notre mère. J'ai connu ainsi l'histoire tragique de ses amis et surtout de son amour mort, l'homme pour qui elle avait fait de la Résistance.

Car maman, bourgeoise chic et rangée des beaux quartiers bordelais, avait connu une jeunesse exaltante, combattante, peut-être idéale. La jeune fille romantique et courageuse s'était engagée dans la Résistance par amour. Dans son petit magasin de mode, elle recueillait des parachutistes britanniques. Ils passaient deux ou trois jours dans l'atelier de couture, au milieu des étoffes, des jupons, des patrons de robes. Puis elle les mettait en contact avec les réseaux français dont son « amoureux » était le chef. Dénoncé, il fut fusillé par les Allemands. Elle ne s'en tira qu'en fuyant dans le maquis.

Comment trouver quelque saveur à la vie après ça ? Elle avait vécu pleinement, deux ans durant, entourée de beaux jeunes gens cachés parmi les tissus, avec l'excitation du danger, le cœur battant à chaque patrouille allemande, et un héros à portée de main. Depuis ce temps-là, elle se survivait.

À Catherine, au moins, elle ne cachait pas que son beau résistant avait été son seul amour et que, après sa mort, elle avait fait un mariage de raison, seul moyen d'obtenir un vrai statut social, et « pour avoir des enfants ».

Nous étions trois gages qu'elle s'était donnés à elle-même, à son mari et à la société. Rien de plus.

Petite fille, ces révélations me plongeaient dans des abîmes de réflexions métaphysiques. Je comprenais que maman ne se fût jamais remise de la mort de son amoureux, mais je m'étonnais que Catherine y fût aussi sensible : car s'il n'avait pas été tué à la guerre, aurait-elle été là, elle ? Je me demandais aussi quelle enfant j'aurais été si mon père avait été l'Autre ? Mais s'il avait été « l'Autre », je n'aurais pas été « moi », n'est-ce pas ?

Fallait-il comprendre que nous n'étions pas les enfants de son cœur, ou que ce n'est pas le cœur des mères qui fabrique les enfants ? Peut-être étais-je quand même un peu la fille de ce mort ? Peut-être que quelque chose de Lui était resté en Elle et nous avait marquées, comme une empreinte… Les enfants descendent-ils exclusivement des mères ? Qu'est-ce qu'un père ? Et si je n'étais pas née, dans quels limbes serais-je aujourd'hui ? Si j'avais été la fille de « l'Autre », est-ce que j'aurais été moi ? Et qui est moi ?…

La supériorité des enfants sur les adultes, c'est que les questions existentielles ne les empêchent pas de s'endormir… et je m'endormais donc sur des interrogations sans réponses.

Papa ne se voyait pas comme un « héros ». Il avait vécu, comme il le disait avec humour et désenchantement, une « longue villégiature » en Allemagne. Jeune officier de cavalerie, il avait été fait prisonnier à la fin de la « drôle de guerre » et ne parlait jamais qu'avec réticence de ces années de camps… Sinon par allusions, lorsque nous tordions du nez devant l'assiette et qu'il nous disait alors : « On ne gaspille pas la nourriture, vous ne savez pas ce que c'est que mourir de faim… »

Il résultait de ces deux destins si peu appariés que notre père et notre mère n'envisageaient notre bonheur qu'en nous tenant à l'abri, à l'écart donc, du monde des grandes personnes.

Je passai ainsi un certain nombre d'années sans faire de bruit, me réfugiant dans la rêverie et l'imaginaire. Régulièrement, j'étais surprise en grand monologue devant la glace, attifée de quelques oripeaux… Mes sœurs, moqueuses, ne se doutaient guère qu'elles venaient de déranger Cendrillon ou Peau d'âne. Plus tard, je fus Scarlett O'Hara et décidai que notre maison du Gers serait pour moi une sorte de Tara où rien ne pourrait m'atteindre…

Je ne suis pas loin de le croire encore. Ma mère a vécu dans son passé, et moi dans la fiction.

Malheureusement, je n'avais pas tout à fait le physique de mes héroïnes : des cheveux incertains, d'affreuses lunettes de myope précoce et un appareil dentaire qui me faisait zozoter. J'étais plutôt vilain petit canard que princesse. D'où mon goût pour les contes : à la fin, le canard devient cygne, et le crapaud princesse… pour peu que l'imagination le décide. C'est ainsi que j'ai développé une passion pour les histoires que j'inventais pour mon propre plaisir et ma propre gloire !

Mes sœurs suivaient mes tentatives avec une condescendance agacée. Elles, les grandes, jouaient entre elles, partageaient des camarades et avaient le droit de se coucher plus tard. Moi, j'allais au lit avec mes créatures.

J'étais persuadée d'être une enfant trouvée. Je ne ressemblais pas à maman qui n'avait d'yeux que pour Catherine : « C'est la plus proche de moi, disait-elle, j'étais comme elle quand j'étais petite, très sensible, très proche de ma mère. » Papa semblait exclusivement préoccupé de Geneviève, qui ne réussissait qu'à provoquer ses colères, parce qu'elle désobéissait ou travaillait mal.

Moi, j'avais la chance, si je puis dire, d'être une enfant sans histoire, un peu secrète. Je vivais dans mon coin, plutôt solitaire, la tête farcie des plus folles aventures. C'est pourquoi j'avais toujours l'esprit ailleurs, j'étais capable aussi de toutes les fantaisies.

Je testais sur la famille l'efficacité de mon imagination. J'étais experte en pitreries qui me permettaient d'attirer l'attention. Je savais déclamer des poèmes, faire le clown, danser, chanter, et surtout j'avais découvert le pouvoir de faire rire. Quand je n'étais pas retirée dans mon coin, j'étais en représentation, et je savais très bien me faire remarquer le plus possible. Ça marchait à tous les coups, et les adultes n'en revenaient pas de mon aplomb.

Avec un peu d'audace, on peut se permettre beaucoup de choses – dire de la crémière que « non, je ne veux pas l'embrasser en échange du bonbon parce qu'elle pique » ; assener à l'amie de maman que « papa n'aime pas trop quand il y a du monde à la maison parce qu'il préfère que nous soyons en famille ».

J'ai partagé la chambre de Catherine de ma naissance jusqu'à l'âge de onze ans. Longtemps j'ai dormi avec elle parce qu'elle avait peur, disait-elle, de dormir seule, alors que nos deux lits jumeaux étaient côte à côte.

Le soir, quand maman avait tiré mon lit qui se glissait sous celui de Catherine dans la journée (céderai-je à la tentation d'y voir un symbole ? oui…), ma sœur m'obligeait à quitter ma couette pour dormir sous la sienne. Tenter de dormir, devrais-je dire. Car si je lui servais de rempart contre d'improbables monstres, je n'avais pas le droit de la toucher : le contact d'un pied la faisait sursauter. Pas question non plus de tourner la tête de son côté, elle ne supportait pas d'entendre le souffle de ma respiration…

Embarrassée de cette petite sœur qu'elle n'avait pas voulue, Catherine la confinait dans cette fonction de repoussoir. À la vérité, j'étais bien la première cause de son tourment : je lui avais volé sa place de dernière-née.

J'ai donc passé une bonne partie de mes nuits de petite fille à dormir sur le flanc, tout au bord de son lit, chargée, comme sœur Anne, de « voir venir » et sommée de répondre dans la seconde à la sempiternelle question « Tu dors ? » – faute de quoi, elle me réveillait aussitôt. Il fallait que je sois dans la place, tout en prenant le moins d'espace possible. J'étais réduite à jouer les utilités.

J'endurais mon tyran avec bonheur, car je la trouvais parfaite. Il ne me serait même pas venu à l'idée de me mesurer à elle. Non seulement elle était toujours première à l'école, mais elle ne faisait jamais de bêtises, se soumettait de bonne grâce à l'autorité parentale et n'avait pas sa pareille pour mettre maman dans sa poche en éclatant en sanglots…

À côté d'elle, Geneviève, ma sœur aînée, faisait figure de garçon manqué – plaies et bosses, toujours prête pour l'aventure, et, comble de disgrâce pour l'enfant d'un professeur, très moyennement douée pour les études !

Nos parents avaient commis la folie d'inscrire les deux aînées dans la même classe ; avec à peine douze mois d'écart, pensaient-ils, ça n'avait pas d'importance – elles pourraient s'épauler mutuellement. Le résultat fut forcément calamiteux. Catherine, petite fille modèle, première de la classe, écrasait de sa supériorité de cadette une Geneviève désorientée et inquiète.

Catherine avait mis la barre si haut que Geneviève, très vite, renonça à la confrontation, choisissant la dépense physique plutôt que la compétition scolaire. Elle ne se sentait pas de taille à se mesurer avec le « petit génie » qu'elle dépassait déjà d'une tête et se cantonna dans le registre grande-bringue-jamais-en-repos. Elle s'y est forgé une âme d'acier, à l'anglaise : *Never complain, never explain.*

Un épisode donne la mesure de sa force de caractère – et de son profond sentiment de solitude. Un jour où nous étions en visite chez des amis qui avaient des garçons très casse-cou, maman mit en garde Geneviève : « Tiens-toi bien, ne fais pas comme les garçons, ne grimpe pas aux arbres. Et si tu tombes, ne viens pas te plaindre… » Alléchée par l'interdit autant que par l'escalade, Geneviève monta dans l'arbre, au péril de sa belle robe blanche, et tomba… Elle se fit copieusement gronder, mais ne broncha pas.

Ce n'est que quelques mois plus tard, lors d'une visite de routine chez le pédiatre, que maman s'est entendu dire : « Mais madame, votre fille s'est cassé le coude ! » Personne n'avait rien remarqué ! Geneviève avait tout enduré sans un murmure. Pour cacher sa fracture, elle avait dû passer plusieurs semaines sans remuer le bras. Mais elle avait préféré se taire, dissimuler sa souffrance – peut-être déjà plus par horreur de se plaindre que par peur de se faire gronder… C'est dire la confiance qu'elle nourrissait à notre égard, et le peu de tendresse qu'elle en attendait…

Maman s'est-elle sentie coupable de n'avoir rien vu ? Je crois qu'elle a surtout été gênée vis-à-vis du docteur. Son image de mère aimante tout entière consacrée au bien-être de ses enfants en prenait un sacré coup !

Voilà qui donne la mesure de son indifférence ou, en tout cas, de son aveuglement à l'égard de sa fille aînée. Quel genre de mère était-ce là, qui ne voyait même pas la blessure de son enfant ? Le plus important à ses yeux était que nous nous tenions bien, que nous soyons « modèles »… Notre obéissance était le prix de sa satisfaction.

Peut-être pour soulever ce poids d'indifférence, Geneviève s'adonnait aux accidents les plus spectaculaires dans les lieux les plus exotiques. Elle s'ouvrit le crâne dans une chute de vélo, un dimanche, à Washington. En partie scalpée, elle fut recousue à vif ! À San Sebastiœn, au Pays basque, elle se défigura à moitié en tombant de la jetée sur un banc en contrebas. Elle ressembla pendant des semaines à un boxeur sonné.

Alors que, pour Catherine, je ne me souviens que d'une « grosse bêtise ». Elle avait découvert à l'école les joies des « S.V.T. » et décidé de prolonger l'expérimentation à la maison : elle s'enferma donc dans la salle de bains pour brûler des cotons imbibés d'éther et admirer les belles flammes bleues… La bouteille d'éther se renversa sur la robe qui flamba à son tour, avec quelques cheveux de Catherine… Ce fut, je crois, sa seule occasion de recevoir une fessée.

Mais le lecteur attentif mesure tout de suite la différence qualitative : c'était une bêtise scientifique ! Une expérimentation ! Faute de curiosité est à moitié pardonnée… Rien à voir avec nos accidents vulgaires, chutes, accidents ou fractures.

Catherine faisait d'ailleurs toujours ce qu'on attendait d'elle : elle ne refusait jamais de mettre la robe que maman avait choisie pour elle, elle ne se salissait pas, ne tombait pas… Elle était

« raisonnable ». Déjà « grande ». Et pendant longtemps elle a été la référence du « familialement convenable ». Une ambition qu'elle n'a jamais abandonnée.

Pour moi, ma plus belle bêtise fut d'ordre émotionnel. À sept ans, je savais, enfin, faire du vélo et rien ne m'exaltait davantage que de sentir le vent dans mes cheveux. Pour mieux profiter de cette délicieuse sensation, je me mis en tête de dévaler une côte les yeux fermés. C'était enivrant. Évidemment, je finis dans le fossé, le front ouvert, le nez cassé. Mais comme j'étais déjà douée pour raconter des histoires, j'expliquai à mon père consterné qu'un nid-de-poule, sur la route… Mon père écrivit aussitôt aux Ponts et Chaussées pour se plaindre du mauvais état des routes de campagne…

Je partageais avec Geneviève une aptitude à provoquer les catastrophes. Mais cela ne suffisait pas à nous rapprocher. Elle était l'aînée, j'étais la petite dernière. Nos bêtises ne pouvaient donc pas être communes, puisqu'elle les avait expérimentées pour la plupart avant moi. Et elle les reconnaissait suffisamment vite pour me flanquer une belle rouste, accompagnée d'un invariable « ça t'apprendra ».

Alors, pour marquer ma différence, je choisis le terrain de la santé. Je commençai donc par une rage de dents à deux ans (je me rappelle encore avoir mordu jusqu'au sang le dentiste), puis je passai ensuite aux grands classiques : coqueluche, varicelle, rougeole, oreillons. J'y ajoutai, pour faire bonne mesure, crises d'asthme, scarlatine et zona. Et je développai de telles allergies à chaque vaccin qu'on renonça à me les administrer.

Mes hivers et mes étés étaient donc scandés par de longues périodes de repos forcé, où je me faisais dorloter… Hélas, je n'ai jamais pu être opérée de l'appendicite, mais je rétablis mon juste droit à la maladie et à la compassion en me faisant deux fois triturer les amygdales, à trois ans et à dix ans.

Les maladies infantiles n'ont malheureusement qu'un temps. Mais j'ai vite trouvé mon rythme de croisière, à raison de deux ou trois angines par hiver et quelques crises d'allergies l'été.

Évidemment, la vocation de malade demande une certaine abnégation, un réel sens du sacrifice. La maladie ne se commande pas toujours, elle arrive parfois à contretemps, et il faut alors savoir renoncer aux plaisirs des vacances. Mais, somme toute, cet état me permettait à tout le moins d'exister, même et surtout diminuée.

Catherine servait de relais à l'autorité paternelle pour les contingences scolaires... Elle m'infligeait des explications de texte le dimanche soir, à l'heure où papa découvrait que les devoirs n'étaient pas faits. Prenant son rôle très au sérieux, elle ne me faisait grâce de rien : elle ne se contentait pas de me faire faire mes devoirs, il fallait encore que je « comprenne ».

Le pire, c'étaient les versions latines ; évidemment, elle connaissait la traduction, mais elle refusait de me la donner, il fallait que j'y arrive par moi-même.

— Voyons, *illic epulante Britannico, quia cibos potusque ejus delectus ex ministris gustu...*

Je n'identifiais dans le texte que le prénom, alors qu'elle voulait que je lui donne la règle de l'adjectif verbal !

— Euh, « Britannicus qui est ici »... !

— Mais non, enfin, réfléchis ! Le verbe est avant le sujet... et *ex ministris gustus*, c'est quoi ?

— Mais je n'en sais rien ! Dis-moi, toi !

— Ah non, c'est trop facile, tu ne fais aucun effort ! Réfléchis encore...

Elle y prenait un malin plaisir. Et plus elle me demandait de comprendre, plus mon esprit se fermait. Je finissais par ne plus l'entendre, j'attendais qu'elle craque devant ma passivité et qu'elle me livre la bonne traduction.

— Relis ton texte ! Où se trouve le verbe ?

Ça n'en finissait pas ! Si seulement elle avait pu manifester plus d'indifférence pour mes succès scolaires ! Pour abréger mes souffrances, je changeais de registre. Je feignais la fatigue, la migraine ou, plus subtilement encore, l'admiration béate.

— Toi, tu comprends tout ! Tu es tellement plus forte que moi ! Je n'y arriverai jamais !

Je reniflais, singeant le découragement. Vaincue par la fatigue et par les compliments, elle me dictait la phrase traduite !

J'ai toujours détesté le latin.

Je ne serais jamais bonne élève.

Il n'y a pas de place pour moi dans le roman familial : ainsi ai-je longtemps résumé ma relation à mes « proches ». Geneviève est la plus belle, Catherine la plus intelligente. L'affaire est entendue : je suis un animal sympathique, mais superflu. Je suis la dernière, et cela suffisait à me caractériser.

La position n'avait pas que des inconvénients : personne n'attendait rien de moi, je pouvais donc couler des jours tranquilles à l'abri de toute demande.

Mars 1994

Un diagnostic ?

Je suis retournée à Bordeaux pour persuader papa d'amener maman au CHU, où je souhaite les accompagner. Nous avons rendez-vous avec le spécialiste de la maladie d'Alzheimer dont le nom m'a été recommandé.

Dans la salle d'attente, papa me demande quel type d'examen elle va subir et combien de temps ça va durer. Je le sens impatient, tendu. Maman est calme. Ce n'est pas le même bâtiment que celui où elle a été hospitalisée la première fois, et elle ne paraît pas inquiète. J'essaie de minimiser la portée de ce premier rendez-vous.

— Tu sais, ça ne prendra qu'une heure ou deux. Et puis, au moins, nous aurons un début de réponse. Nous serons peut-être fixés.

— De toute façon, je ne laisse pas ta mère ici !

— Mais bien sûr ! Il s'agit de voir si on peut établir un diagnostic. Et on vous donnera sans doute quelques conseils…

— Mais je n'ai pas besoin de conseils ! Je veux savoir ce qu'a ta mère, et c'est tout !

Pourrons-nous assister à l'entretien ? J'espère que oui. Papa ne semble pas disposé à laisser maman toute seule.

La porte du bureau s'ouvre, le professeur nous invite à entrer tous les trois – tant mieux ! Il nous fait asseoir, il est affable, souriant. Sur son bureau, j'aperçois le dossier de maman. Il le feuillette tout en posant des questions. Comment va-t-elle depuis son séjour à l'hôpital ? Suit-elle un traitement ? Souffre-t-elle toujours de bourdonnements d'oreilles ? Spontanément, c'est papa qui répond, ce qui me fait sourire. Je lui donne un léger coup de coude : « Laisse-la parler ! » Il me fusille du regard. Le professeur, auquel cet échange n'a pas échappé, sourit à son tour : « Mais oui, laissez parler madame… »

Maman explique qu'elle est tombée, qu'elle a mal à la tête… Papa fronce le sourcil, mais n'ajoute rien. Elle enchaîne :

— Ce qui me dérange le plus, ce sont ces bourdonnements d'oreilles…

— Mais en dehors de cela, madame, vous vous sentez fatiguée ? Vous dormez bien ? Vous mangez bien ?

— Oh oui ! Mais je me fatigue vite maintenant, et parfois j'oublie. Vous savez, docteur, nous avons une maison à la campagne où nous passons une partie de l'année. Eh bien, j'ai de plus en plus de mal à retrouver mes affaires. Quand je cherche quelque chose, je ne sais jamais si c'est dans mon armoire à Bordeaux ou dans notre maison du Gers. Je crois que ce sont tous ces va-et-vient qui me fatiguent…

Papa boude ostensiblement : c'est un de leurs vieux thèmes d'affrontement. Pour rien au monde il ne resterait l'été à Bordeaux, pour rien au monde elle ne passerait l'hiver à Saint-Mont. Depuis qu'il a pris sa retraite, ils « transhument » donc à chaque saison. Et c'est vrai qu'elle se plaint de la fatigue de ces déménagements perpétuels.

En l'écoutant, je réalise que c'est peut-être à cette occasion-là que sont apparus ses premiers problèmes de mémoire. Nous ne les avons jamais identifiés comme tels. Nous pensions que si elle se trompait, ne retrouvait pas ses affaires, c'était une simple confusion dans la gestion de ses deux maisons. Qui sait si ces changements continus n'ont pas accéléré le processus ?

Le professeur l'écoute sans faire de commentaire particulier. Puis il sort une feuille sur laquelle se trouvent des dessins, des questions types : date de naissance, nom des parents, des enfants, en quelle année sommes-nous, en quelle saison, qui est le Président de la République ? Elle ne s'en tire pas mal. Elle ne confond pas, elle s'amuse même de la simplicité des demandes.

Le professeur range son dossier et explique avec beaucoup de prudence que le diagnostic n'est pas évident. Il faut attendre de voir comment évolue son état. Il propose tout de même un traitement pour stimuler l'activité cérébrale et demande à revoir maman dans six mois ou un an, selon les symptômes.

Papa, qui avait été sérieusement ébranlé par sa première « crise », ressort ragaillardi de cet entretien. Il est ravi que le spécialiste ne se soit pas formellement prononcé. Et, comme à son ordinaire, il se rassure en s'emportant.

— Ce médecin est un âne ! Son traitement est certainement inutile.

— Papa, promets-moi que tu suivras ses prescriptions…

— Oui, oui, on verra… Il faut déjà qu'elle arrive à supporter ces médicaments ! Parce que, tu sais, elle avale déjà des tas de médicaments qui la rendent encore plus malade… qui lui donnent envie de vomir…

— Oui, bien sûr, mais c'est important qu'elle les prenne. Si elle ne les supporte pas, tu n'auras qu'à appeler ce docteur…

— On verra. Tu sais, notre médecin de famille est très bien… Et puis, tu as entendu les questions que le professeur a posées ? Il lui parlait comme si elle était débile. C'est insupportable ! Mais pour qui se prennent-ils, ces toubibs ? Tu as vu ? Il la traite comme une idiote !

— Papa, c'est une grille d'évaluation, ça n'a rien de personnel. Ça sert à identifier des troubles. Tu sais, la maladie d'Alzheimer…

— Mais ta mère n'a pas… ça ! Elle a mal à la tête et des pertes de mémoire… D'ailleurs, j'ai déjà demandé à notre médecin : il dit qu'elle doit prendre des fortifiants ! Qu'elle est peut-être fatiguée ou déprimée, et c'est tout !

— Tu devrais tout de même lui donner le traitement…

— Non, non, je n'ai pas envie de la rendre malade. Déjà qu'elle est contrariée par tout ça…

— Écoute, fais ce que tu veux, mais je t'assure que le professeur que vous avez vu est le meilleur dans sa spécialité et…

— C'est ça ! Et moi je suis le nonce apostolique…

On ne peut jamais parler longtemps avec papa… Et les médicaments pour stimuler les fonctions cérébrales ont fini dans la poubelle parce que « ta mère ne les supporte pas ».

Avril 1994

L'épuisement

Après cette visite chez le spécialiste, papa a continué comme si de rien n'était en s'efforçant de ne rien changer à ses habitudes. Deux jours plus tard, puisque je devais remonter à Paris, je les ai « escortés » jusqu'à Saint-Mont. Nous avons chargé la voiture : une vieille Renault 25 automatique qui approche les cent mille kilomètres et que papa se refuse à changer « parce qu'elle tiendra bien aussi longtemps que moi »…

Nous parvenons à caler dans le coffre et sur le siège arrière le bric-à-brac qui leur est indispensable : les trois valises de vêtements et de linge de maison ; les bonzaï dont papa s'occupe quotidiennement depuis quinze ans – il en a créé une dizaine après s'être entiché de ce passe-temps lors d'un voyage au Japon ; et jusqu'à la plaquette de beurre entamée exhumée du réfrigérateur, parce qu'il ne faut pas « gâcher ».

Comme si Saint-Mont était en pleine pampa hostile, où ils ne trouveraient ni à s'habiller ni à manger ! Mais enfin, je ne vais pas tenter de modifier leurs habitudes. Il est des tâches qui ne sont pas à notre portée…

Nous voilà fin prêts à partir. Papa et maman devant, et moi à leur suite, dans mon Espace.

Et comme chaque fois que je les vois en voiture, je me dis qu'il faudrait contrôler les aptitudes des plus de soixante-quinze ans avant de leur laisser prendre le volant. Le myope et l'idiote ! Une variante, en pire, de l'aveugle et du paralytique ! Car, depuis plusieurs années, papa, dont la vue a beaucoup diminué, a cédé le volant à maman. C'est elle qui conduit, et lui qui dirige… Fort du postulat selon lequel elle conserve suffisamment de réflexes pour s'arrêter aux feux rouges, éviter les platanes et rester du bon côté de la route, il se contente de lui rappeler l'itinéraire : « À droite, à gauche… Attention au carrefour !… »

Sur le tronçon d'autoroute qu'ils empruntent, entre Bordeaux et Langon, elle ne dépasse jamais les quatre-vingt-dix kilomètres à l'heure. Question de prudence. Ils manifestent une souveraine indifférence aux coups de klaxon des automobilistes impatients. Sur les départementales, il lui interdit de doubler, quel que soit l'obstacle… Il leur arrive ainsi de rester collés à l'ombre d'un tracteur, pendant des kilomètres, sans se préoccuper du bouchon qui se crée dans leur sillage.

Nous avons donc mis trois heures pour un trajet qui n'en demande ordinairement qu'une. Je suis fourbue, rompue. Heureusement, ils prennent soin de ne circuler que les jours de faible trafic !

Nous longeons la rive gauche de l'Adour. Ciel radieux sur la contrée. La route, à cette hauteur, surplombe les rives sablonneuses du fleuve. Je reconnais les peupliers, les ormes et les petits sureaux dont les branches flexibles servent à fabriquer des cannes à pêche ou des arcs. J'aperçois déjà les cèdres centenaires à l'entrée du chemin qui mène à la maison, sur la droite. Miraculeusement, la vieille borne kilométrique en pierre est encore debout. Mais l'inscription, « Saint-Mont 1 km », est illisible… C'est là que, petites, nous retrouvions les « copains » pour des balades à vélo – et plus tard pour des rendez-vous d'amoureux. L'hiver a raviné, creusé le chemin, et presque tous les graviers ont été emportés. Nous avançons très lentement pour éviter les nids-de-poule.

L'architecture de la bâtisse est typique de la région : une grande maison de maître au toit d'ardoises flanqué d'un pigeonnier et un bassin rond autour de la fontaine. Exceptionnellement, nous nous garons devant l'entrée pour décharger les bagages. Papa, habituellement, proscrit le stationnement devant « son » perron, pour ne pas gâcher le bel ordonnancement de la cour carrée.

Il s'extirpe de la voiture avec difficulté, en se massant le bas du dos. Il peine à se redresser. Pour camoufler son effort, il fait mine de s'intéresser aux pieds des rosiers en fleur qui s'entrelacent à la vigne vierge sur la façade de la maison.

Toutes les fenêtres ont été ouvertes, et le chauffage a été remis en marche. Mais en franchissant la double porte vitrée, je suis tout de même assaillie par l'odeur de vieux bois et de moisissure. Après le hall, un peu sombre, la grande salle me paraît toujours aussi belle et accueillante avec ses boiseries, les tapis sur les tomettes, les fauteuils en velours anglais, les gravures et les aquarelles collectionnées par papa.

Face à l'entrée, par les quatre portes-fenêtres, on aperçoit l'étang, en contrebas, et les vignes au fond. Sur le côté gauche, sertie par trois canapés tapissés de velours vert foncé, la cheminée de pierre blanche est encadrée par deux portes en chêne. L'une s'ouvre sur la bibliothèque transformée depuis quelques années en « chambre à coucher du bas », l'autre mène à l'escalier conduisant aux cinq chambres de l'étage.

À l'autre extrémité de la salle, la table où quinze convives peuvent s'asseoir, sans se serrer. Un système de panneaux, au-dessus du buffet, crée en coulissant un comptoir qui donne sur la cuisine, « à l'américaine », comme dit maman, et évite l'isolement de la maîtresse de maison. Dans l'angle, une petite porte dissimulée dans la boiserie permet d'accéder à la cuisine, à la salle de bains du bas et au cellier.

Quand nous étions gamines, passer par la « salle de bains du bas » était l'étape incontournable pour être autorisées à entrer dans la maison, après un sommaire débarbouillage.

Je traverse la pièce pour déposer les provisions dans la cuisine. Tout a été nettoyé de fond en comble. J'ouvre une partie du comptoir. Les panneaux grincent un peu, il faudra les graisser. Yvette, la fermière, a cueilli un joli bouquet de forsythias qu'elle a disposés dans un pot d'étain au milieu de la grande table. Maman est déjà installée sur un des canapés, près de la cheminée, papa s'efforce de porter une valise un peu trop lourde vers la bibliothèque.

— Laisse ça, papa. Je vais le faire. Assieds-toi près de maman, je vais mettre de l'eau à chauffer pour le thé.

Il s'installe en soupirant.

— Je veux bien, ma chérie. Je suis un peu fatigué.

Il appuie sa tête contre le dossier du canapé et ferme les yeux.

— Va t'allonger quelques instants, si tu veux… Je t'appelle dès que c'est prêt.

Il ne répond pas. Maman se lève et vient vers moi.

— Veux-tu que je t'aide ?

— Non, non, maman, détends-toi. Je me charge de tout…

— Elles sont jolies, ces fleurs. Qui les a apportées ?

— C'est sûrement Yvette. Elle a dû passer ce matin pour ouvrir la maison.

— Ah ! Je ne l'ai pas vue !

— C'est normal, nous venons d'arriver.

— Ah bon !

Elle repart vers d'autres ailleurs, sans plus poser de questions…

La bouilloire se met à chanter. Je prépare le plateau et les tasses. Je verse l'eau dans la théière. Papa s'est endormi sur le canapé. Je l'entends ronfler doucement, la bouche entrouverte. Maman va et vient, inspecte, replace un bibelot, ajuste un rideau. Le cliquetis du mécanisme de la grande pendule trouble à peine la paix du moment. Il est trois heures. Dehors, un merle lance un trille strident. Quel bonheur d'être là ! Papa a bien raison de vouloir revenir à Saint-Mont ! Nul autre endroit ne procure cette impression de sérénité immobile.

J'hésite à porter le plateau devant la cheminée : je risque de le réveiller, et le thé peut attendre. Mais sa tête a glissé sur le côté. Il aura sûrement un torticolis. Je m'approche doucement pour lui glisser un coussin sous la nuque. Il ne ronfle plus. Il est tout pâle, presque gris. Au moment où je lui pose la main sur l'épaule, son corps s'affaisse tout doucement.

C'est comme dans un mauvais film « à effet » : il me semble que je vois la scène au ralenti. Comme si j'étais extérieure à l'action. J'essaie de le réveiller.

— Papa, papa !

Je lui prends la main. Elle est froide, glacée.

— Oh, mon Dieu ! Papa !

Il faudrait lui donner une claque pour qu'il revienne à lui. C'est ce que j'ai toujours vu faire, mais je n'ose pas.

Je ne dois pas paniquer. Pas m'affoler. Je me parle en silence : « Voyons ! Pense aux gestes qui sauvent, ma vieille ! Qu'est-ce qu'ils ont dit, déjà, dans ce reportage sur les premiers secours en cas de malaise cardiaque ? C'est ça : allonger le patient, lui relever les pieds et les jambes pour faire refluer le sang vers le cerveau… »

Il faut le mettre sur le dos. Je relève ses jambes sur l'accoudoir, un coussin… Voilà ! Mais ses pieds sont trop bas, ils pendent dans le vide ! Il faut que je le tire, que je le remonte un peu… Il est lourd… Et ce velours qui ne glisse pas ! Je n'y arrive pas ! Je vais le mettre par terre. Du pied, je pousse la table basse. J'attrape mon père sous les bras pour le faire pivoter vers le sol. Je parviens à l'allonger devant la cheminée, les jambes sur le canapé. Il est toujours inconscient. J'ai chaud, je transpire.

Je lui tapote la joue, d'abord doucement, puis de plus en plus fort. Je l'appelle :

— Papa ! Papa !

Maman, qui errait dans la pièce à côté, nous voit et me rejoint.

— Mais qu'est-ce que tu fais ? Arrête ! Tu es folle !

Elle se penche vers papa.

— Robert ! Tu m'entends ? Réponds-moi !

Je me relève. Puis je lui lance, d'une voix que je veux ferme et calme :

— Toi, tu restes près de lui. J'appelle le Samu.

Au bout de plusieurs sonneries interminables, une voix me répond. J'explique brièvement la situation. Je réclame une ambulance. J'entends vaguement qu'il y a des zones où..., des interventions qui... Je comprends surtout qu'il n'y aura pas d'intervention du Samu, parce que nous sommes trop loin de tout.

Je renonce à polémiquer. Je demande à quel hôpital, dans quelle clinique mon père peut être pris en charge. Le centre hospitalier le plus proche est à Aire-sur-l'Adour. Je peux l'y conduire moi-même en voiture, à condition, me dit mon correspondant, qu'il soit couché.

— D'accord ! On va faire simple. Je me charge du transport, mais prévenez le bloc opératoire, le cardiologue... Je veux une équipe médicale sur le pied de guerre à notre arrivée...

Je raccroche et m'apprête à aller chercher André, le mari d'Yvette, pour qu'il m'aide à porter papa. C'est alors que j'entends maman lui parler. Je me précipite. Il a repris connaissance. Son teint est moins blafard. Je l'aide à se relever et à s'asseoir sur le canapé. Je lui explique qu'il est attendu à la polyclinique d'Aire. Maman intervient.

— Mais pourquoi ? Il va très bien. Ce n'est rien, regarde.

Elle s'adresse à lui :

— Tu as eu un coup de chaud, n'est-ce pas, chéri ?

Il hoche la tête sans rien dire, mais je vois bien au regard qu'il me lance qu'il a encore peur. Je lui caresse la joue. Je lui souris.

— Papa, si tu veux bien, je pense qu'il est plus sage d'aller maintenant à la clinique. Je viens de les appeler, ils t'attendent.

— Oui, je crois qu'il vaut mieux que j'y aille...

Il se lève et je lui tiens le bras jusqu'à la voiture. Je lui propose de s'allonger sur la banquette arrière. Il refuse, bien sûr. Je m'installe au volant. Maman s'en étonne.

— Tu as demandé la permission à ton père ?

Je préfère ne pas répondre. Elle n'a toujours pas compris la gravité de la situation et se raccroche à nos rituels familiaux... Je la sens m'observer, en douce. Je suis maladroite et lourde, au volant de cette antiquité...

À Aire, nous sommes attendus. Papa est directement conduit au service de cardiologie pour subir une batterie d'examens. Une infirmière l'allonge sur un lit dans un box d'auscultation. Il va mieux – déjà il s'impatiente.

— J'espère que ça ne va pas durer trop longtemps !

— Tu sais, papa, ils vont sûrement te garder pour la nuit, en observation.

— Mais non ! Et puis, je n'ai pas mes affaires !

Nous sommes invitées, maman et moi, à attendre dans le couloir. Je sors sur le parking pour pouvoir téléphoner à mes sœurs. Catherine est injoignable. Je laisse un message sur son répondeur pour qu'elle me rappelle d'urgence. Je ne veux pas l'affoler en lui disant que papa est à l'hôpital. Geneviève me répond simplement : « J'arrive. »

Une heure plus tard, l'infirmière vient nous chercher. Papa a déjà été installé dans une chambre. On lui a enfilé une sorte de chemise bleue attachée dans le dos et il est relié à une grosse machine qui enregistre les battements de son cœur.

— Regardez ! J'ai bonne mine avec ça… Je ne peux même pas bouger. Je suis bien certain que ça ne sert à rien… Mais enfin…

— Papa, c'est une sécurité…

— Et ils ne m'ont même pas donné un cachet. Jamais je ne vais pouvoir dormir avec tout ce bazar…

Et d'agiter les fils de l'électrocardiogramme. Maman semble étonnée.

— Alors, tu ne rentres pas à la maison ?

Je les laisse bavarder pour m'enquérir auprès de l'interne de la suite du traitement. Ce dernier m'explique que papa a sans doute eu un arrêt du cœur, peut-être même plusieurs. Si le cœur s'arrête très brièvement, le patient ne s'en rend pas toujours compte. Mais si ça se prolonge, il perd connaissance. C'est sans doute ce qui s'est produit, cet après-midi. L'enregistrement de son rythme cardiaque permettra de déterminer la fréquence de ces « interruptions ». L'interne est calme, souriant, il a relevé ses lunettes sur son front et me montre une bande millimétrée.

— Voyez, sur ce tracé, le malade a fait un arrêt de trois secondes à minuit. Demain, nous aurons la courbe de votre père.

Je lève les yeux vers lui, inquiète.

— Et si ça s'arrête plus longtemps ?

— Ça sonne, et on intervient…

— Et vous faites quoi ?

— Oh, c'est assez banal à l'âge de votre père, et on traite ça très bien maintenant : on lui pose un pacemaker.

Il sort un petit boîtier de son tiroir.

— Voyez, c'est ça : une pile électrique glissée sous la peau et connectée aux ventricules. Elle fait repartir le cœur dès qu'il flanche. Une sorte de batterie de secours, ajoute-t-il en souriant.

Il fait le tour de son bureau pour me poser la main sur l'épaule.

— Ne vous inquiétez pas. Franchement, je crois que ça n'est pas très grave. Et on va très bien vous le soigner.

Malgré moi, je sens les larmes me monter aux yeux. Sans rien dire, il me tend une boîte de Kleenex posée sur son bureau. Je bafouille :

— Ne croyez pas que je ne vous fasse pas confiance...

— Non, bien sûr... C'est normal. Vous avez eu peur...

Bon diagnostic. J'ai eu peur, très peur. Tant qu'il fallait agir, décider, je ne me suis pas laissé envahir par l'émotion. Mais maintenant, je réalise que papa aurait pu mourir. Jamais je n'ai été si proche de l'idée de sa mort. Ou, plutôt, jamais jusqu'à aujourd'hui la perspective de sa mort n'a été autre chose qu'une vague idée, vite refoulée... Je ressens pour la première fois le vertige, le gouffre, le trou béant que sa disparition me causerait.

Heureusement que Geneviève est en route. Je ne me sens pas le courage d'affronter ça toute seule. Elle nous rejoint alors que nous sommes sur le point de quitter la clinique. Papa s'est résigné à rester hospitalisé pour la nuit. Il est content de la voir : « Mais il ne fallait pas qu'elle se dérange pour si peu ! » J'échange un bref regard avec elle, un hochement de tête muet, pour lui faire comprendre que j'en sais un peu plus. Je n'ai rien dit de ma conversation avec l'interne. Il sera bien temps d'évoquer une hypothétique intervention chirurgicale. Je préfère laisser ce soin à l'équipe médicale. Demain.

Un dernier baiser sur la joue de papa, et nous voilà toutes les trois dehors, sur le parking de l'hôpital. Il y a un court instant de flottement.

— Je préférerais que tu rentres avec nous, dis-je à ma sœur. Nous récupérerons ta voiture demain.

Elle a dû entendre dans ma voix une prière particulière, parce qu'elle acquiesce sur-le-champ.

Maman, qui semble un peu égarée, après toutes ces émotions, veut conduire la voiture. Geneviève refuse absolument de la laisser faire. Avec fermeté, elle lui prend les clés, s'assied à la place du conducteur et lui intime l'ordre de prendre place à côté d'elle. Maman refuse. J'interviens à mon tour et elle se laisse convaincre. Geneviève démarre. Nous voilà sur la route de Saint-Mont. Nous roulons en silence, chacune de nous perdue dans ses pensées. Au bout de quelques minutes, maman se tourne vers Geneviève.

— J'aimerais que tu fasses preuve d'un peu plus de respect. Cette voiture n'est pas à toi. Et je suis parfaitement capable de conduire.

Geneviève hausse les épaules et réplique d'un ton agacé :

— On le sait, maman ! Tout est à toi, ici…

— Mais parfaitement, ma petite fille ! Si tu crois qu'à mon âge je vais me laisser dicter ma conduite par mes enfants…

La voilà partie dans une grande diatribe contre nous. Elle s'emporte.

— Et d'abord, tu vas arrêter cette voiture. C'est à moi de conduire ! J'en suis tout de même capable, que je sache ! Après tout, je suis bien venue de Bordeaux ! Vous me traitez comme si je n'avais pas mon mot à dire !

Je m'efforce de calmer le jeu.

— On ne va se disputer maintenant ! Qu'est-ce que ça peut faire, maman ? Laisse Geneviève conduire. On est toutes bouleversées par ce qui s'est passé.

Mais elle ne veut rien entendre.

— Précisément ! Il était parfaitement inutile de conduire votre père à l'hôpital. Il n'a pas besoin de ce genre d'émotion. Il est un peu fatigué, c'est tout !

Geneviève se fâche pour de bon.

— Tu dis vraiment n'importe quoi ! Tu sais ce qu'il a eu ? Un arrêt du cœur. Si Françoise n'avait pas été là, il… il aurait pu y rester !

— Qu'est-ce que tu insinues ? Que je ne suis plus capable de me rendre compte ? Ton père a été fatigué par le trajet, un point c'est tout !

— Bien sûr ! Tu es médecin maintenant, tu sais mieux que tout le monde !

Geneviève n'a pas terminé sa phrase que maman ouvre la portière en criant. La voiture roule à pleine allure.

— Laisse-moi descendre. C'est plus que je ne peux en supporter.

Geneviève freine avec brutalité.

— Mais tu es complètement folle ! Tu veux te faire tuer !

Maman se tourne brusquement vers elle, lève la main et lui flanque une gifle magistrale. Le claquement de la main sur la joue a gommé tous les bruits environnants. Il se fait un très curieux silence.

Interdite, l'œil rond, Geneviève se frotte la joue en la regardant. L'ambiance dans la voiture est électrique. Elles semblent presque sur le point de se battre.

— Bon ! On va se calmer, dis-je.

Le silence est de plus en plus épais. J'essaie la dérision.

— Vous voulez peut-être que je conduise, pour vous mettre d'accord ?

La tension retombe. Sans rien dire, Geneviève redémarre.

Arrivée à la maison, maman s'enferme dans sa chambre. Je propose à Geneviève d'aller lui chercher un verre, pour lui permettre de se reprendre. Elle est blême de rage. Je lui apporte à boire et tente de la dérider. Quand, enfin, le terrain me paraît plus propice, je me risque à aborder le sujet.

— Un pacemaker ! Eh bien, ça promet ! Si papa est opéré, je me demande comment elle va le prendre ! Tu as vu dans quel état elle se met !

Elle allume une cigarette, pensive, et enchaîne :

— Je crois que ça faisait bien quinze ans qu'elle ne m'avait pas collé une gifle !

Je prends le parti d'en rire.

— Comme ça, tu rajeunis ! Tu devrais la remercier !

Elle sourit à son tour.

— Toi alors ! Si tu crois que c'est drôle !

— Non, ce n'est pas drôle, mais quoi ? Elle est comme ça. Je pense qu'elle est perturbée. Elle se met en colère contre nous pour ne pas céder à la panique.

Le lendemain, papa était opéré. Maman n'a jamais voulu reconnaître la gravité de l'épisode. Je crois qu'elle a préféré tout oublier : le malaise, la gifle, l'opération. Pendant des mois, elle a répété que papa avait eu un « coup de chaud » parce que « Françoise a voulu qu'on prenne la route à midi… » Elle préférait penser que tout était ma faute et que papa n'avait rien eu.

Printemps 1998

Les noces d'or

Catherine a eu l'idée de fêter l'anniversaire de mariage des parents. Mais elle n'avait pas le temps de l'organiser. Elle m'a donc « suggéré » de m'en charger.

Je n'étais pas très convaincue… Mais quoi ? Pouvais-je me dérober ? Geneviève, qui est toujours partante pour les grands raouts familiaux et prend ordinairement tout en main, n'était pas disponible. J'ai donc essayé de faire au mieux, en privilégiant un petit côté fête campagnarde sans pour autant gommer l'aspect solennel de l'événement.

J'avais invité tous leurs amis, commandé une formation musicale, convoqué le maire, écrit un petit compliment que les enfants liraient…

J'en ai un peu trop fait, je l'ai bien vu. Trop pour eux : trop de monde, trop de bruit, trop d'émotion. Maman n'avait pas l'air de bien comprendre de quoi il s'agissait, mais elle semblait contente, tout de même. Papa regardait « tout ce cirque » avec circonspection.

Ils étaient assis tous les deux, côte à côte, dans les grands fauteuils du salon que j'avais disposés sous les chênes d'Amérique du jardin. Quand ils ont été installés, la « Banda de l'Adour » a joué un air de fête. Puis les enfants sont venus leur réciter le poème. Enfin, le maire, ceint de son écharpe tricolore, a prononcé un discours et leur a demandé de renouveler leurs serments de mariage. Le photographe, que j'avais aussi convié, épuisait ses rouleaux de pellicule.

Presque tous leurs amis étaient là, et une bonne partie du village. Il y avait un grand buffet : charcuteries, fromages, vins de Saint-Mont... Tout le monde a trinqué aux « nouveaux remariés » et à la santé de la famille. Il faisait beau. La fête aurait dû être réussie.

J'avais décidé de repartir dans la foulée, sachant que les séjours prolongés avec eux sont parfois difficiles.

Et puis, au moment de prendre congé, alors que j'avais déjà fait monter les enfants dans la voiture, une dispute a éclaté, pour un motif dérisoire. Je m'apprêtais à charger dans le coffre une bouteille de vin que le directeur de la cave coopérative m'avait donnée. Maman m'a vue.

— Mais… qu'est-ce que tu prends là ? C'est à ton père !

— Non, non, il y en a une autre pour lui, celle-là, c'est la mienne.

Je lui parle calmement, comme on explique à un enfant. Mais le ton monte.

— Pas du tout, les deux sont des cadeaux pour ton père, ce n'est pas à toi ! Pose ça immédiatement !

J'oublie sa maladie. Elle a manifestement retrouvé sa tête ! Et j'explose.

— Que d'histoires pour une malheureuse bouteille ! Garde-la, TA bouteille ! Si tu savais comme je m'en fous ! Quand je pense au mal que je me suis donné pour organiser cette fête ! Et la seule chose que tu trouves à me dire au moment de partir, c'est que je pique une bouteille ! Vraiment, je me demande pourquoi je me décarcasse pour deux vieux égoïstes ! Vous êtes vraiment trop chiants !

La gifle part avec la même violence qu'autrefois, lorsque je tenais tête. Je me frotte la joue et je la dévisage. Elle a retrouvé son œil noir de mère toute-puissante.

Papa, qui était encore dans le jardin, rentre à son tour, saisit instantanément que quelque chose cloche et demande ce qui se passe. Maman rétorque que je suis décidément impossible et montre du doigt l'objet du délit – la bouteille que j'ai reposée sur la table. J'observe papa. Il sait qu'elle a tort, qu'elle se trompe – qu'elle débloque. Il va certainement lui faire remarquer que ce n'est pas grave, qu'ils ont passé un bon après-midi. Il va sûrement me remercier… Il me fixe d'un air à la fois las et tendu.

— Je pense qu'il vaut mieux que tu t'en ailles, Françoise. Tes enfants attendent dans la voiture.

Si je n'étais pas si accablée, je crois que j'en rirais !

— Oui, c'est ça, je m'en vais ! Et je ne reviendrai pas !

Je ramasse mon sac en vitesse pour qu'ils ne me voient pas pleurer. Je fais semblant de ricaner. J'aurais dû m'en douter.

Dans la voiture, les enfants me demandent pourquoi j'ai été si longue.

— Pour rien, les enfants. Vous avez dit au revoir ?

Je n'attends pas qu'ils répondent. J'ai déjà démarré, sans regarder dans le rétroviseur. À quoi bon ? Je sais que mes parents ne seront pas sur la route pour faire des signes d'adieu. Il y a sans doute déjà longtemps que nous nous sommes dit définitivement adieu.

Geneviève, au téléphone, minimise l'incident.

— Mais tu sais bien comment ils sont ! Je ne comprends même pas pourquoi tu te mets encore en colère. Tu t'imaginais quoi, ma pauvre fille ? Qu'ils allaient te remercier, te tresser des couronnes ? Tu ne sais pas encore, à ton âge, que tout ce que tu fais pour eux est normal, et que tout ce qu'ils font pour toi est exceptionnel ? Point final ! Ils sont comme ça, tu ne les changeras pas ! C'est bien simple : chaque fois que tu vas leur rendre visite, ils ne se disent pas que tu as fait un effort, non, ils te font comprendre au contraire que c'est eux qui accomplissent l'exploit de te recevoir !

Sa voix monte d'un cran.

— Bref, dans tous les cas de figure, une fois pour toutes et à jamais, c'est à toi, c'est à nous de dire MERCI !

— Mais quand même ! Je te jure, je me suis donné un mal de chien pour tout organiser !

— Je n'en doute pas. Mais rappelle-toi quand papa a eu son arrêt cardiaque. Maman ne supportait pas que l'on prenne les choses en main. Elle n'arrêtait pas de dire que si papa était malade, c'était ta faute, parce que tu avais insisté pour quitter Bordeaux à midi et qu'il ne supportait pas le soleil ! Et quand elle m'a giflée, dans la voiture, parce qu'elle voulait conduire ! Et quand elle a failli sauter en marche !

C'est tout un talent, de sa part, d'enfouir ma blessure sous le souvenir de la sienne, que je sens encore vive. Je me mets à rire.

— Il valait mieux que tu conduises, elle était bien incapable de reconnaître le chemin, on se serait retrouvées à Nantes !

— Et quand elle a interdit la maison à Anne sous prétexte qu'elle lui volait ses petites cuillères !

— Oui, mais ça, ma vieille, tu n'aurais jamais dû le tolérer. Laisser ta fille se faire traiter de voleuse ! Il fallait demander à papa d'intervenir.

— Tu plaisantes ! C'est lui qui a appelé Anne en catimini pour la prier de ne plus venir.

Que faut-il pour admettre que l'on n'existe pas, que l'on n'a jamais existé aux yeux de ses parents ? La maladie de maman nous a permis de réaliser que pour elle, pour eux, nous comptons à peu près autant que les petites cuillères. L'Alzheimer a mis à vif l'égoïsme enfoui sous les bonnes manières.

Pourtant, il me semble que, même s'il était sévère, et si souvent absent, papa s'est toujours efforcé d'être juste avec ses filles. Et maman arrondissait les angles, quand la rigueur paternelle était trop grande…

Mais, au fond, peut-être n'étions-nous que des trophées indispensables à leur rêve de famille bourgeoise… Ni plus ni moins nécessaires que la grande maison de Bordeaux. Des signes extérieurs de richesse. La face radieuse de leur conformisme.

Geneviève, Catherine, Françoise… Nous croyons avoir un nom, une identité, une personnalité. Mais nous ne sommes que des poupées qui ont eu le mauvais goût de descendre de l'étagère où on les avait rangées.

Ainsi s'explique notre quête permanente de reconnaissance : « Dis-moi que tu m'aimes. Dis-moi que je suis la plus aimée ! » Pauvre Geneviève qui encourait les réprimandes parce que c'était encore un moyen d'attirer l'attention ! Pauvre Catherine qui, de toutes ses forces, s'évertuait à plaire à ses parents en récoltant les tableaux d'honneur – et en me menant une vie impossible ! Je croyais qu'elle était la préférée. Mais elle savait bien qu'elle n'était qu'un pion dans leur jeu. Sa tendance à l'anorexie a été peut-être sa manière à elle de protester – alors même que je la croyais la mieux intégrée dans le système, le parfait petit clone de maman !

Je relis ces pages pleines de bruit et de fureur… une histoire absurde et sans logique… racontée par une idiote qui a trop lu *Macbeth*… Acte V.

Life's but a walking shadow ; a poor player,
That struts and frets his hour upon the stage,
And then is heard no more : it is a tale
Told by an idiot, full of sound and fury,
Signifying nothing…

Papa, cet angliciste distingué, appréciera-t-il à sa juste mesure ma maîtrise de Shakespeare ?

La vie n'est qu'une ombre qui passe ; un mauvais acteur,
Qui pendant une heure se pavane et s'agite sur la scène,
Et puis qu'on n'entend plus : une histoire
Racontée par un idiot, pleine de bruit et de fureur,
Et qui n'a pas de sens…

Je me relis, et je ne crois pas que c'est moi qui viens d'écrire ça. En tout cas, pas question de le publier. Il faut que j'en revienne à une chronique plus douce, plus lisse…

Printemps 1999

La distance

À quand remonte le début de sa maladie ? Quels en ont été les premiers symptômes ? Bien avant sa première crise de démence, il y a eu tant de petits dérapages qui auraient dû nous alerter…

Et quand ai-je décidé de m'exclure de ce cercle infernal ? De ne plus passer de vacances à Saint-Mont. Ce ne fut pas une décision. Simplement, un jour, j'ai constaté que, depuis des mois, je reportais, je reportais sans cesse mon prochain séjour. Comme si tout l'Ouest était devenu une zone interdite.

À quel moment ai-je rompu ? Il y a bien sûr les enfants, que j'ai voulu épargner, parce qu'Elle s'était montrée pour le moins déroutante à leur égard.

Louis, maman a pu le prendre dans ses bras, le câliner, lui donner le biberon. Mais je crois qu'elle n'a jamais identifié Paul, mon second fils. Elle était très atteinte quand elle l'a vu pour la première fois. C'était en 1997 et Paul n'était plus un bébé. Elle s'est montrée indifférente, parfois agressive. Elle était déjà ailleurs. Et là, j'aurais dû comprendre que quelque chose ne tournait plus rond.

Je crois que maman n'a jamais aimé les petits garçons. Ils la déroutent. Elle ne comprend pas comment ils fonctionnent. Ils sont une tache dans la pureté du gynécée. Déjà, quand nous étions petites, elle plaignait les mères sans filles et redoutait ces déjeuners du dimanche où nous étions invités dans des familles « à garçons ». Elle nous mettait en garde contre leur pernicieuse influence et leurs mauvaises manières. Les garçons ne pouvaient être que bruyants, brutaux, grossiers, égoïstes, sans délicatesse ni égards ! Allez dénicher un copain qui trouve grâce à ses yeux avec ça !

Elle a manifesté un intérêt très relatif pour son premier petit-enfant, Charles, le fils de Geneviève né en 1973. Très vite elle a décelé chez lui les germes du « mauvais caractère » et de l'« insolence ». Forcément : on ne trouve que ce que l'on cherche !

Paul, du haut de ses deux ans, lui semblait affecté des mêmes tares. Certes, Paul est un farfadet, un feu follet toujours en mouvement, du vif-argent, un cabri agile et indiscipliné. Pire, il n'a jamais été « bébé » : il parlait à un an, raisonnait à deux, expérimentait avec succès le saut périlleux à trois. Rien ni personne ne l'impressionne, et sa première apostrophe à tout homme adulte est toujours : « Est-ce que tu es plus fort que moi ? »

Avec de telles dispositions, maman le regardait comme un ouragan miniature – une menace de chaque instant. La maison de Saint-Mont, propice à toutes les nouvelles expérimentations, était un terrain de jeux idéal. Si Louis, à mon grand désespoir, restait scotché devant la télévision ou n'acceptait qu'avec force soupirs d'aller jardiner avec son grand-père, Paul s'essayait au roulé-boulé sur le carrelage brillant, ignorant les protestations de maman. Protestations d'abord verbales. Radotage, pensais-je.

Ce premier jour, Paul est passé tout près d'elle en sautillant comme un moineau. Elle lui a flanqué une gifle, comme ça, sans un mot, sans même le regarder. Avait-elle pris sa danse endiablée pour une provocation ? S'était-elle seulement rendu compte de son geste ? Je me suis demandé, par la suite, si la ressemblance (vague) de Paul avec Sebastien, un cousin que maman ne supportait pas, pouvait avoir déclenché ce geste incompréhensible.

Paul, la stupeur passée, crut à un jeu et en rajouta de plus belle, courant autour d'elle, esquivant ses moulinets. Elle essayait en vain, chaque fois qu'il passait à portée de main, de le gifler à nouveau, et paraissait chasser les mouches !

Je suis intervenue.

— Arrête, Paul, laisse grand-mère. Et toi, maman, s'il te plaît, ne le tape pas. Je ne veux pas que l'on touche à mes enfants.

Elle m'a regardée bien en face.

— Si tu crois que c'est avec une éducation pareille que tes enfants te respecteront !

Vieux leitmotiv familial. Les parents doivent être respectés, les enfants dressés…

— Mais, maman, il ne s'agit pas de ça ! Il n'a rien fait ! Il n'a même pas trois ans !

Mais à quoi bon ? Elle a continué. Chaque fois qu'il se trouvait près d'elle, elle lui balançait une tape, histoire de lui apprendre… Quoi ? La vie ? La méchanceté ? J'ai préféré ne pas répondre à la question.

J'ai surtout pris grand soin d'expliquer à Paul qu'il ne fallait pas en vouloir à grand-mère, qui était « malade »... Paul décida qu'elle n'était « pas gentille ». Je ne pouvais pas lui donner tort.

C'était la première fois que je la voyais agir de façon aussi absurde et violente. Peut-être la maladie, en gagnant du terrain, révélait, au sens le plus photographique du terme, des pans de sa personnalité soigneusement enfouis sous le masque des apparences et des convenances. Comme lorsque l'on remonte d'anesthésie et que l'esprit divague, sans contraintes.

Je ne sais pas.

Aujourd'hui, aussi bien Paul que Louis ont peur d'elle. Je ne les en blâme pas. Il y a des jours où je ne suis pas loin d'avoir peur moi-même – d'avoir peur de l'image caricaturale qu'elle nous renvoie, à tous. De toute façon, je préfère qu'ils ne voient pas à quel état elle se trouve maintenant réduite.

1965-1972

Happy days

Pendant cinq ans, tous les étés, nous allions aux États-Unis, où papa enseignait. La famille quittait Bordeaux avant la fin de l'année scolaire, à la mi-juin, et nous restions là-bas jusqu'à la rentrée de septembre. Nous habitions une jolie maison typiquement américaine dans la banlieue de Washington, que l'université de Georgetown mettait à notre disposition.

L'année scolaire américaine n'était pas terminée lorsque nous arrivions, et les parents avaient eu la bonne idée de nous inscrire pour les dernières semaines à la *primary school.* J'avais huit ans. Très vite, nous avons noué des liens avec une bande de copains qui habitaient le même quartier et nous invitaient régulièrement.

J'ai tout de suite adoré ce mode de vie : la *lunch box* de midi, les *pyjama parties* chez les copains copines, les pique-niques géants, les *summer camps*, et cette liberté accordée aux enfants américains, si loin des contraintes françaises... Des États-Unis j'aimais tout, les hot-dogs, les milk-shakes, les immenses voitures décapotables des années soixante, et même l'hymne américain, que nous chantions tous les matins en entrant en classe, la main sur le cœur !

Cas de figure impossible en France, Geneviève, dès notre deuxième été, s'était dégoté un *boyfriend*, et les parents n'y trouvaient rien à redire ! Le mot, à vrai dire, recouvrait une réalité bien innocente, qui consistait à aller déguster une glace à deux ou à voir un film, dans un *drive-in*, avec pour chaperon un grand frère ou une grande sœur qui savait conduire...

Papa et maman menaient là-bas une vie bien plus mondaine qu'en France. Les Américains invitent plus facilement, et sans protocole. Il y avait, chaque soir, un dîner chez un autre professeur, une fête organisée par l'université, un concert – que sais-je...

Maman s'épanouissait dans cette atmosphère. Elle était toujours très élégante – la plus élégante ! Elle, si entichée de mode, mettait un point d'honneur à représenter le *French chic* ! Même si sa toilette était largement constituée de jolies robes américaines bruissantes, en tissu infroissable, elle avait l'art d'y apporter une touche très « continentale ».

Perchée sur de hauts talons, la taille bien prise, les cheveux remontés en chignon banane, à la Grace Kelly, elle achevait ses préparatifs dans le hall, avant de sortir. Elle posait une dernière touche de rouge à lèvres très vif, vérifiait le fermoir de son collier de perles, rajoutait une goutte de *Numéro 5* dans son décolleté. Elle se tournait vers nous, magnifique, radieuse : « Vous ne vous couchez pas trop tard, les filles ! Et ne vous empiffrez pas de marshmallows devant la télé. » Elle envoyait, en soufflant sur le bout de ses doigts, un baiser furtif à chacune, vérifiait que son poudrier doré et ses gants étaient dans la pochette qu'elle glissait sous son bras, et prenait, dernier accessoire, une longue écharpe de mousseline assortie à sa robe. « J'y vais ! Votre père a déjà sorti la voiture. » Je la regardais partir, fascinée...

Elle s'éloignait sur une dernière volte qui faisait tourner sa robe. *Bye bye, girls !* Papa venait à sa rencontre pour la conduire jusqu'à la voiture. Ils étaient beaux, ils le savaient. Ils rayonnaient.

Papa lui prenait le bras d'une façon très particulière, en glissant sa main très haut, au-dessus du coude… Un geste de propriétaire qui veut assurer sa prise. Ils étaient heureux. Nous étions fières d'avoir des parents si parfaits…

Au retour des États-Unis, l'année de mes neuf ans, nous avons déménagé… Fini l'appartement, la chambre commune avec Catherine. Nous habitions désormais une grande maison de la rue Georges-Mandel devant la basilique Saint-Seurin de Bordeaux : trois étages, un grand jardin et une autre petite maison au fond, avec un garage en rez-de-chaussée.

Geneviève, qui n'était pas venue cette année-là en Amérique, rentrait tout auréolée d'une année passée en pension, dans un lycée climatique, où elle avait vécu l'exaltant quotidien des dortoirs. À l'époque, on « exilait » plus facilement les enfants en difficulté passagère. Les pédagogues, d'ailleurs, vous le conseillaient.

Les relations entre Geneviève et les parents étaient devenues si difficiles que, sur les recommandations avisées du conseiller d'orientation, elle avait été envoyée au vert. Je crois qu'elle y serait volontiers restée une année de plus. Mais la Loi parentale s'accommodait mal d'un excès d'indépendance. Elle rentra donc – en dépit de son désir de rester dans les Pyrénées, loin de nous.

Nous avions désormais chacune notre chambre. Ou plutôt deux chambres et un boudoir. Ma chambre, c'était le boudoir, l'antichambre de celle de Catherine.

Je pensais que nous resterions, Catherine et moi, dans une semi-cohabitation, puisque les deux pièces communiquaient par une grande double porte. Mais Catherine fut intraitable. Elle avait désormais sa chambre, elle n'avait plus besoin de moi. La nuit, les portes resteraient fermées…

Je faisais des cauchemars. Je me sentais rejetée.

Alors, je décidai d'avoir un destin : je serais comédienne, actrice, star… Il me fallut quelques années pour convaincre mes parents de m'inscrire à un cours de théâtre.

Ma mère, habituée à mes déguisements et amusée aussi par ma « vocation », y souscrivit. Mon père, pensant que la paix familiale était à ce prix, et que cette lubie me passerait bien un jour, laissa faire. Il fut donc entendu que j'abandonnerais la danse. Je détestais l'odeur de petites filles mal tenues des vestiaires, les pointes des chaussons qui meurtrissaient les pieds et les fastidieux exercices à la barre. Je n'aimais dans la danse que le tutu et le spectacle de fin d'année.

L'année de mes quatorze ans, maman m'emmena donc au conservatoire d'art dramatique de Bordeaux. Hélas, l'âge minimum requis était de quinze ans. Mais comme j'étais née un 1er mai, le directeur consentit à me laisser préparer l'examen d'entrée l'hiver suivant.

J'attendis avec impatience de pouvoir m'inscrire, tout en jurant mes grands dieux que mes études au lycée n'en souffriraient pas. Déjà, je préparais les textes que je présenterais – Francis Jammes ou Paul Fort.

Chacun dans la famille estimant que j'avais un « don » pour le théâtre, maman imaginait déjà sa fille en haut de l'affiche. Il me semblait que, pour une fois, je n'avais qu'à me laisser porter : le conservatoire serait MON territoire.

Patatras ! Raté et un de chute ! Au mois de septembre suivant, Catherine rentra un soir du lycée en annonçant qu'elle s'était inscrite au conservatoire.

Fatalitas ! Je connus une période de désespoir et d'abattement difficilement imaginable. Rien ne pouvait me consoler, ni les « Mais qu'est-ce que ça change ? » de maman, ni les « Mais tu iras quand même » de papa.

Justement, ça changeait tout ! Catherine me volait mon conservatoire. Elle me trahissait. Elle n'était pas la grande sœur qu'elle prétendait être :

attentive, bonne, compatissante. Non, elle était égoïste, méchante, fausse. Là où je voyais autrefois de la grandeur d'âme, il n'y avait que calculs ; là ou je voyais intérêt, il n'y avait que jalousie. Elle se plaçait sur le terrain de la rivalité avec de basses manœuvres.

C'est ainsi que je sortis de l'enfance avec cette cruelle évidence : je serais toujours seule, sans soutien, sans amie, obligée de courir après cette sœur toujours en avance sur moi. Il fallait donc que j'apprenne à garder secrets mes rêves. Sinon, elle s'en emparerait.

Le conservatoire était alors dans une grande bâtisse vieille et poussiéreuse, résonnant des échos des classes de musique. Eu égard à mon jeune âge, je débutai par la classe de diction. La classe de comédie était réservée aux élèves plus chevronnés qui présentaient leur concours d'admission. En quelques mois, Catherine avait déjà fait merveille… Elle s'était déjà approprié ce monde où elle évoluait avec cette grâce précieuse qui est sa marque de fabrique.

Pour mon entrée, j'avais préparé un poème de Francis Jammes, « J'aime l'âne ». Il me semblait que mon trac s'accommoderait mieux de ce poème pudique, pur et grave comme le cœur du plus gascon des poètes. D'ailleurs, l'âne, n'était-ce pas moi ? C'était une assez bonne entrée en matière !

Je suivis ce premier cours du fond de la classe, essayant de me faire oublier. Mais au dernier moment, le professeur, qui sembla soudain remarquer ma présence, se tourna vers moi.

— Mademoiselle, bonjour, que nous avez-vous préparé ?

— Francis Jammes, monsieur.

— Très bien, nous vous écoutons.

Les jambes en coton, je montai sur scène. Ne plus penser à rien, ne plus voir. J'appelai à mon secours les mânes de Francis Jammes. Être dans la montagne, sentir le noisetier et l'aubépine. Oublier la classe et les élèves. Ma voix s'éleva, assez ferme :

J'aime l'âne si doux,
marchant le long des houx. [...]
Il va près des fossés
d'un petit pas cassé...

Les yeux au loin, je regardais d'imaginaires sentiers de montagne... et puis, sans mes lunettes, ma myopie m'aidait assez bien à me couper du monde... Le regard poétique de celle qui ne voit rien !...

Quand ce fut fini, le professeur ne dit rien. J'attendais, tétanisée. Comme dans un rêve, je l'entendis dire :

— C'était très bien. Venez vous asseoir. Désormais, Françoise, la sœur de Catherine, fera partie de notre classe…

La sœur de Catherine… Décidément ce n'était pas gagné : au moment où je croyais que j'allais exister par moi-même, j'étais ramenée à ma place de « sœur de », réduite à n'être que la petite, le bébé, une annexe en quelque sorte.

Petite, je manquais d'aplomb et de sens de la repartie, et comme Catherine avait le don d'assener des horreurs (ou des vérités ?) sans hausser le ton, sans s'énerver, et surtout sans écouter ce que je pouvais répondre, j'entrais en transe : plusieurs fois, je lui ai sauté au visage comme un chat. Je lui ai même un jour « grafigné » la joue – ce dont je garde encore une secrète fierté, comme un intellectuel timoré qui, un jour dans sa vie, est devenu homme d'action.

Plus tard, nos joutes, bien que verbales, sont restées violentes… Nous avons maintenant la sagesse de nous enguirlander au téléphone, ce qui évite de passer à l'acte. Mais il n'y a pas si longtemps, je lui ai jeté à la tête le bol de vinaigrette que j'étais en train de préparer… Et aujourd'hui encore, quand elle raccroche violemment, j'ai des picotements dans les mains : si je n'avais pas les enfants, je sauterais dans ma voiture pour aller « lui en coller une », comme on dit dans les cours de récréation.

Été 2000

Un moment de grâce

Je suis allée chercher sur Internet des informations sur la maladie d'Alzheimer. Les sites ne manquent pas, mais ils disent à peu près tous la même chose : « À peine 10 % des personnes atteintes de la maladie d'Alzheimer sont véritablement traitées et prises en charge… » Et je sais bien que c'est vrai.

L'Alzheimer peut démarrer par de très légers troubles du comportement : irritabilité et dépression. Mais ces troubles, n'était-ce pas, depuis toujours, l'ordinaire de maman ?

Les tests de dépistage doivent être précoces. Il s'agit essentiellement de répondre à des questions simples : quel jour sommes-nous, qui est Président de la République… ? Mon « grand spécialiste » a scrupuleusement suivi le protocole…

Je découvre aussi sur internet une description détaillée des trois stades de la mémoire, qui tous peuvent être affectés.

D'abord, la mémoire épisodique : celle qui porte sur les événements de la vie et que le cerveau classe du plus ancien au plus récent… Dans la maladie d'Alzheimer, les souvenirs anciens reviennent plus fréquemment que les souvenirs récents, ce qui a tendance à perturber le comportement. Le malade se souvient mieux de son enfance que de ce qu'il a fait dans l'heure précédente. Du coup, il ne reconnaît plus l'espace dans lequel il vit et peut chercher désespérément quelque chose de familier. « Je dois rentrer à la maison, ma maman m'attend », c'est ce que ma mère a expliqué à l'infirmière.

Secundo, la mémoire sémantique : celle de la signification des mots. « Ceci n'est pas une pipe. C'est un chien. » Comme le soulignent fort justement les spécialistes, c'est notre commun partage du sens qui nous permet d'avoir une conversation suivie. Quand votre mère vous confond avec le chien ou avec une pipe, c'est que la mémoire épisodique et la mémoire sémantique sont atteintes !

Enfin, la mémoire procédurale : celle qui vous permet de reproduire des actions automatiques. « Manger avec une cuillère ou jouer aux échecs », expliquent les experts. Quand votre mère joue aux échecs avec une cuillère, c'est que la mémoire procédurale est aussi partie. Voilà peut-être pourquoi il lui arrive maintenant de perdre son dentier. Elle le retire et le pose n'importe où. Elle doit le confondre avec ses espadrilles !

Mais il y a plus fort encore : si la mémoire procédurale est en ordre alors que la mémoire sémantique part en quenouille, certains malades s'exprimeront normalement en chantant (c'est de la mémoire procédurale : « Nous n'irons plus au bois, les lauriers sont coupés »), mais ne pourront pas aligner trois mots cohérents. J'ai la mémoire sémantique qui flanche, ça peut parfois donner : « fleur fatiguée têtête »… Encore que, dans cet exemple, ça ait un certain sens !

J'en ris, quand je suis seule, un peu comme les internes de médecine se font des blagues morbides – pour faire la nique à la mort et camoufler l'angoisse.

Observation annexe concernant le dernier stade : « Malgré la sévérité des symptômes, le patient réagit bien au toucher et aux voix familières et douces. »

Et il me revient en mémoire – si je puis dire – un bref moment de rémission que j'ai pu partager avec elle. Il y a deux, trois ans ? Moi aussi, maintenant, je mélange les dates, je me perds dans la chronologie, je deviens folle de sa folie. C'est le dernier moment de lucidité que j'ai pu partager avec elle, j'en suis sûre. La dernière fois où nous avons été *ensemble*.

Ce soir-là, pour soulager papa, j'ai proposé d'aider maman à se déshabiller et à se coucher.

Je lui ai pris la main et l'ai emmenée dans sa chambre, comme je le fais pour mes enfants. Je lui ai enlevé ses chaussures, sa jupe, son chemisier, ses sous-vêtements. Je lui ai enfilé sa chemise de nuit. C'est là que j'ai remarqué comme elle avait maigri et comme elle se laissait faire, sans pudeur. Elle que je n'avais jamais vue nue.

J'ai ouvert le lit. Je lui ai demandé tout doucement de se coucher. Elle a obéi en silence. Elle était déjà ailleurs, mais c'était un moment doux et tendre. Elle semblait apaisée, tranquille.

Alors, pour prolonger ce tête-à-tête, je suis allée dans la salle de bains chercher une crème pour lui masser le visage. Il me semblait qu'elle avait la peau très sèche, et j'ai pensé que personne sans doute ne lui mettait de la crème sur le visage.

Je me suis assise au bord du lit et, tout doucement, j'ai commencé à la masser en répétant les mots que l'on dit aux enfants pour les rassurer : « Là, là, ça va aller… Repose-toi, détends-toi… » Puis je me suis tue. J'étais concentrée sur la douceur de sa peau, sur la lenteur de mes gestes, sur son visage. Je voulais savourer ce moment avec elle, lui faire plaisir, lui donner du « bon », même si elle ne savait pas d'où ça venait, même si elle ne savait plus qui j'étais. Elle a fermé les yeux, j'ai cru qu'elle s'endormait. Puis elle les a rouverts et m'a regardée.

Elle a souri. J'ai compris qu'elle me reconnaissait. J'ai retrouvé son regard. Elle était là, tout entière de nouveau. Rien ne semblait subsister de la maladie. Elle a embrassé la pièce du regard – comme si elle se réveillait. Ses yeux erraient sur la toile de Jouy qui recouvre les murs de sa chambre. Elle s'est arrêtée sur le portrait de Geneviève adolescente, qui est accroché au-dessus de la cheminée. Mes mains se faisaient plus légères sur son visage, je voulais prolonger cet instant. Et puis elle a dit de manière haute et intelligible, avec sa voix d'avant :

— Quand je pense au mal que nous nous sommes donné, Geneviève et moi, pour retapisser cette pièce !

Elle a porté la main sur mon visage comme pour une ultime caresse, ainsi qu'elle le faisait parfois, avant… Et puis sa main est retombée sur le drap, c'était fini. Elle était repartie.

Je suis restée près d'elle jusqu'à ce qu'elle s'endorme.

C'était il y a trois ans. C'était il y a un siècle.

Octobre 2000

Destinée ?

Je suis allée déjeuner avec ma copine Olympe. Elle est mon « Jiminy Cricket » personnel, ma conscience critique, lucidité et bon sens réunis. Petite, brune et vive, Olympe, née à Chypre, élevée à Beyrouth et à Londres, porte sur le monde en général et sur ses amis en particulier un regard à la fois aigu et généreux. Une fois pour toutes, elle s'est interdit de juger ceux qu'elle aime et professe qu'elle n'a que des amis. Elle affirme que c'est la seule « posture » raisonnable dans ce monde ingrat.

Comme beaucoup de déracinés, elle accorde plus d'importance aux individus qu'aux conventions sociales. Son nomadisme transparaît dans sa syntaxe. Mêlant plusieurs langues à la fois, avec un accent mi-anglais, mi-libanais, elle pratique un babélisme qui ne manque pas de charme, roule les *r* et ponctue les *t* d'une tonique dentale.

— Tu comprends, mon petithe chérrie, c'est beaucoup plus cool. Tu te dis que tout le monde, il t'aime : ça t'évite le stress et tu ne te sens pas *miserabelle. Anyone* te fait la gueule, ce n'est pas qu'il ne t'aime pas, c'est qu'il a mal digéré. Ton patron, il t'ignore, c'est qu'il est cocu ! *Don't worry, be happy ! Think pink !*

Elle éclate de rire, se verse un verre de pouilly et me regarde droit dans les yeux.

— Et ta mère ?

— Bof ! C'est pas bien brillant. Tu sais, j'ai l'impression de jouer dans *La Cantatrice chauve*, des situations dénuées de sens, comiques par leur dérision… Je n'en suis pas très fière, mais il me semble que ce qui me sauve, c'est la théâtralité de tout ça… Comme un numéro de clowns où le pitoyable le dispute à l'absurde…

— *Don't panic !* Tu sais, mon petithe, il faut surtout penser que ceux qui ont Alzheimer, ils ne souffrent pas. C'est pour toi que c'est le plus difficile… Pas pour elle !

Bien sûr, elle a raison, et je lui sais gré de mettre un peu de légèreté dans cette histoire.

Elle m'a envoyé un mail pour m'expliquer les trois avantages de la maladie d'Alzheimer : on peut soi-même cacher les œufs de Pâques dans le jardin ; on rencontre tous les jours de nouveaux amis ; on peut soi-même cacher les œufs de Pâques dans le jardin… Ah ! Ah ! On peut en rire.

Je ne sais pas si maman serait en état de cacher les œufs de Pâques dans le jardin. Je ne suis pas sûre qu'elle sache encore ce que c'est.

Elle a pris l'habitude d'enlever son dentier… je l'ai déjà dit. Elle le pose n'importe où – sur le paillasson, dans une paire de chaussures… La dernière fois que je leur ai rendu visite, cet été, elle avait perdu ses dents, et son visage en était tout transformé : elle ressemblait à la sorcière de *Blanche-Neige*. Je n'arrivais pas à la regarder. J'ai demandé à papa pourquoi elle n'avait plus son dentier. Il m'a répondu, excédé :

— Elle en a déjà perdu trois, tu comprends, et moi, je n'arrive pas à les retrouver, parce qu'elle les laisse n'importe où. Il en reste un, que je lui donne uniquement au moment des repas, pour qu'elle puisse manger…

— S'il te plaît, papa, tu peux le lui donner, qu'elle le mette juste un peu. Je te promets de la surveiller, elle ne va pas le perdre.

Il s'est exécuté en bougonnant.

Maman mâchonnait son dentier « de secours », l'air ailleurs. J'ai bien vu que ça la dérangeait, ce corps étranger dans sa bouche, et j'ai eu honte soudain d'exiger d'elle quelque chose de désagréable et qui n'avait pas de sens.

Peut-être est-ce pour la même raison que papa la laisse ainsi décoiffée, édentée, mal habillée – par résignation et par honte aussi de voir sa propre épouse incapable de comprendre, incapable de se voir. Et c'est cela qui me rend parfois insoutenable l'idée de lui rendre visite.

Autrefois, dans les familles « comme il faut », on cachait les enfants fous ou débiles. Lorsque j'étais petite, je me souviens qu'une année, en Bretagne où nous étions invités chez des amis de papa et maman, je suis tombée nez à nez, par hasard, sur une vieille dame mongolienne. C'était la sœur aînée de l'amie de maman, la sœur débile qui n'avait pas le droit de sortir de l'office et vivait, recluse, dans le ventre de la maison, inconnue de tous.

Maman a le même regard vide, le même air hagard. Maman, si coquette, si élégante, qui ne sortait jamais sans rouge à lèvres…

Elle a gardé son dentier le temps de notre visite. Et ce n'est que l'aspect le plus anecdotique de son naufrage… Mais avec ou sans dents, je suis sûre qu'elle fait peur aux enfants…

Comment est-il possible de supporter la déchéance de l'être qu'on a aimé ? Comment fait mon père ? Lui qui veut tout gérer tout seul.

Il est vrai qu'elle découvre, tous les jours, des visages inconnus. L'ami, le parent de la veille lui sont, le lendemain, parfaitement méconnaissables. Les plus proches sont, chaque jour, des étrangers. Comme un virus d'ordinateur qui détruit la mémoire vive et efface des fichiers, l'un après l'autre, quotidiennement. Une visiteuse chargée de moins en moins de bagages.

À l'heure où j'écris, elle n'est plus qu'une plante. La mémoire est effacée, l'amnésie est totale. Juste avant de sombrer tout à fait, elle passait son temps à vouloir rentrer « chez elle ». Elle ne reconnaissait plus la maison du Gers, où elle avait vécu près de soixante ans : elle se levait toutes les dix minutes, cherchait une veste ou un manteau et disait : « Je dois rentrer, ma maman m'attend. »

Louis me demande :

— Tu crois que ça lui est déjà arrivé à grand-mère de se lever un matin et de ne pas se reconnaître dans la glace ? Ou qu'elle parle au reflet, dans le miroir, en demandant qui c'est ?

Je n'ose pas lui répondre que je pense que c'est possible. Mais il est davantage probable qu'elle ne sait même plus ce qu'est un miroir.

Je repense à mon Pepe – le père de maman, le fier hidalgo, qui nous faisait rire parce qu'il se perdait sans cesse. « Quel étourdi ! » pensions-nous. Et de gloser sur sa propension à trinquer avec ses anciens compagnons de lutte.

Il ressemblait à Charlot : la canne en jonc, la démarche chaloupée. Il partait, sur ses vieux jours, faire la tournée des bars à marins de Bordeaux. Vers sept heures du soir, lorsqu'il n'était pas rentré, on prévenait le commissariat, on téléphonait aux hôpitaux, puis on sillonnait la ville. Maman lui avait cousu son adresse au revers de sa veste, et on finissait par nous appeler.

— Nous avons là un vieux monsieur, un peu perdu…

— Oui ! Justement, nous le cherchions !

— On nous l'a amené aux urgences… C'est un phénomène, votre grand-père, il nous a bien fait rire !

En effet, Pepe n'avait pas son pareil pour raconter des histoires un peu lestes, dont il ponctuait les moments forts d'un « Eh ! Eh ! » plein de sous-entendus.

Et moi, moi qui adore plaisanter, est-ce que je finirai aux urgences, la mémoire trouée, pour la plus grande joie de l'interne de garde ?

Novembre 2000

Contaminée ?

Geneviève est venue passer trois jours à Paris.

J'ai fait du thé. J'en avais envie, ce qui ne m'arrive plus guère. Le thé c'est – c'était – la boisson favorite de maman. J'en ai bu des litres en sa compagnie. Toujours du thé très fort, presque noir, de préférence fumé.

Geneviève a voulu un café et nous nous sommes installées de chaque côté du comptoir qui sépare la cuisine du salon.

Nous avons parlé de maman.

— N'est-ce pas trop pénible ? Je ne suis pas allée la voir depuis six mois…

J'hésite et j'avoue :

— Je n'ai pas envie d'assister à sa déchéance, et je pense que ce n'est pas un spectacle pour les enfants.

— Oui, je comprends, mais pour moi, c'est différent : la petite Lisa ne se rend pas compte de l'état de son arrière-grand-mère. Et puis, papa est content que nous passions. Il est plus détendu qu'autrefois. Il a même lancé, en souriant, que le bébé mangeait mieux que maman... Ce n'est pas très différent, tu sais. Elle se nourrit avec les doigts, elle attrape directement dans le plat ce qui lui fait plaisir... Tu vois, elle est assise devant son bol de café et elle attend. Et puis, au bout d'un moment, elle se met à pleurer en disant : « J'attends ma mère et elle n'est pas venue... » Moi, évidemment, je m'approche pour la consoler, et puis soudain elle relève la tête, voit passer papa et s'écrie : « Oh ! Mon papa est là ! » avec une voix de petite fille ! Mais deux heures plus tard, en le voyant traverser le salon, elle demande tout haut : « Mais qui c'est ce pauvre vieux qui marche si mal ? »

Le fou rire me prend. Je souffle sur ma tasse brûlante pour cacher cette hilarité qui me fait un peu honte. Mais Geneviève rit aussi et, très vite, elle enchaîne :

— Et puis, ce n'est pas tout. Elle porte une sorte de caleçon, pour tenir ses couches qui se boutonnent derrière, et moi je le lui ai mal enfilé, enfin, j'ai mis la fermeture devant – et la voilà qui arrive avec ses couches à moitié sorties ! Parce que, par-devant, elle arrive à les enlever. C'est sûr que ce n'est pas un spectacle pour les enfants !

Nouveau fou rire. Je m'essuie les yeux.

— Mais ce n'est pas l'infirmière qui s'en charge ?

— Si, mais elle ne vient que le matin, et jamais le week-end. Alors…

— Mais pourquoi ? Papa pourrait trouver quelqu'un à temps plein, il peut se le payer…

— Mais il ne veut pas…

— À croire qu'il se satisfait de la voir comme ça !

— Tu crois ? demande Geneviève, avec cette moue dubitative où je reconnais le tic de maman.

— Oui, parce que, lorsqu'on y réfléchit, elle l'a emmerdé toute sa vie en lui répétant qu'elle s'était mariée par dépit. Alors, maintenant, c'est lui qui la regarde se… chier dessus. Je sais, ça fait un peu psychanalyse de bazar, mais je t'assure qu'il y a de ça. Sinon, comment expliquer qu'il ne veut personne pour l'aider !

Geneviève est repartie. Je ne lui ai pas parlé du livre.

Je n'irai pas voir maman.

J'ai commencé à écrire l'histoire de ma famille, mais je ne suis pas sûre d'arriver au bout. En fait, je suis doublement – non – triplement handicapée !

Je suis naturellement fainéante, et écrire me demande beaucoup de temps et d'énergie. Ensuite, que vont dire mes sœurs, et papa, en me lisant ? Si je lime les aspérités, je tombe dans la niaiserie sentimentale. Si je me laisse aller à écrire ce que je pense, ça vire au règlement de comptes.

Enfin, c'est une bien étrange entreprise, un peu suspecte, que de reconstituer les étapes d'une maladie qui détruit justement la mémoire. Écrire pendant qu'il est temps – parce que je me dis, forcément, qu'elle me rattrapera un jour. D'ailleurs, il m'arrive déjà d'oublier ce que je veux écrire ou, pire encore, d'effacer – par erreur – sur mon ordinateur ce que j'ai passé une journée à écrire… Une « erreur », vraiment ? Un acte manqué ? À voir.

Peut-être, au fond, n'ai-je pas vraiment envie de tout remettre à plat.

Peut-être suis-je déjà victime des premiers symptômes d'Alzheimer.

J'ai une créativité essentiellement nocturne. Ce n'est déjà pas si mal. Mais tout se passe pendant mon sommeil, ce qui évidemment nuit à mon efficacité… En dormant, j'écris, et avec quel talent ! Les phrases me viennent avec une fluidité, une élégance, une finesse de style, un humour délicieux… Au réveil, je tente bien de rattraper les lambeaux de mes rêves, mais je ne retrouve que des formules usées, de pauvres mots sans saveur… Une bouillie informe.

Qui m'inventera une machine, avec des électrodes branchées sur le cerveau, pour que cette créativité nocturne ne soit pas perdue ?

Chaque soir, au moment où je sombre, me revient en mémoire une foule de choses… Je m'entraîne à ne rien oublier, je m'endors en faisant ma liste mentale, avec mon « stock » de mémoire, comme un ordinateur bien chargé. Il m'arrive parfois de me relever pour noter à la va-vite sur un bout de papier… Mais le plus souvent, le sommeil et la nuit triomphent, j'ai tout oublié au réveil.

Ces matins-là, je me promets d'arrêter le Lexomil. Mais qu'est-ce qui est pire : arrêter de dormir ou arrêter de se souvenir ?

Décembre 2000

Contamination, suite

Ce matin, papa m'a dit que maman avait de la fièvre…

J'ai pensé que, peut-être, elle était vraiment malade. Voilà ! Au fond, je n'arrive pas à considérer son état comme une maladie ! Alors que c'est peut-être le début de la fin, qu'elle va peut-être disparaître…

Combien de fois ai-je anticipé sa mort ? Combien de fois l'ai-je souhaitée ? Suis-je une fille dénaturée ? Je me rassure sur mon compte en me disant que la vieille dame qui vit loin d'ici, à la campagne, avec papa, n'est plus ma mère, que ma mère est partie depuis longtemps, et que cette dame-là a le culot de survivre à mon travail de deuil…

Si vraiment je suis arrivée à porter un regard objectif, clinique, sur l'état de maman, alors pourquoi refuser ma compassion à cette malade, pourquoi refuser d'aller la voir – puisque aussi bien je n'ai pas de chagrin ? Et pourquoi les anecdotes sur sa maladie me font-elles rire aux larmes... ?

Aux larmes !...

Si je voyais quelqu'un, quelqu'un qui ne serait pas moi, se comporter de la sorte, je trouverais cette attitude si déplacée, si choquante... Autour de moi, des personnes éprouvées par la maladie d'un de leurs proches disent toutes que c'est une épreuve épouvantable. Je les comprends, je comprends leur souffrance, mais d'une manière abstraite. Moi, je ne souffre pas de la maladie de ma mère.

Voire...

Il en est de mon absence de compassion comme du rire : c'est une « posture » pour faire face à la folie.

Je crois que la maladie de ma mère me rend folle.

Printemps 1973

Tristes noces

Il fait un peu frais en ce mois de mars devant la basilique Saint-Seurin. Nous aidons Geneviève à descendre de la voiture. Elle est très pâle, un peu tendue. Elle s'inquiète des plis sur sa robe. Nous remettons de l'ordre dans sa toilette.

Papa ne dit rien. Il est un peu rouge, le col dur de sa chemise le gêne. Il passe machinalement le doigt sur son cou. Il se tourne vers sa fille : « Tu es prête ? » Elle hoche la tête. Le parvis est vide, les portes de l'église sont grandes ouvertes…

Dans mon souvenir, il n'y a aucun autre bruit que nos chuchotements.

Geneviève se retourne pour vérifier que sa traîne est en place. Elle porte une très belle robe de satin blanc, bordée de plumes de cygne… Quelques plumes de l'ourlet ont déjà pris la poussière. Son voile de mariée en dentelle ancienne est attaché par de minuscules perles dans ses cheveux remontés en chignon.

Nous nous rangeons pour former le cortège. La mariée donne le bras à son père, suivie par les trois demoiselles d'honneur en robe longue rose pâle. Il y a Catherine et moi… mais qui est la troisième ?

Je ne me rappelle pas la musique qui accompagne notre entrée dans l'église ; mais je me souviens du voile de Geneviève, qui est passé soudain du soleil à la pénombre. En remontant la nef, je ne vois que ça – ses cheveux auburn sous le voile perlé.

L'église est pleine de monde. Geneviève s'accroche au bras de papa pour se rendre au pied de l'autel. Elle marche comme une somnambule. Nous suivons, chacune avec un petit bouquet rond de roses thé dans les mains.

Maman a déjà pris place au premier rang sur la gauche, à côté du père du marié. Elle porte un tailleur mi-long couleur parme et un grand chapeau qu'elle a commandé chez la modiste. Il a demandé de nombreux essayages.

Elle a les yeux rouges et les traits tirés. Ce mariage, ce si beau mariage, elle le vit comme une épreuve de la vie : sa fille se marie en grande pompe, mais dans le déshonneur. Geneviève est enceinte !

Pendant l'office religieux, la mariée a vacillé. J'ai cru qu'elle allait tomber. Papa s'est précipité pour aider son fiancé à la soutenir. Le prêtre, en souriant, a invité la mariée à s'asseoir. Son « état », comme disait ma mère, encore invisible, a été tenu secret. Chacun a pu mettre son malaise sur le compte de l'émotion.

Maman était blême. Papa avait le visage fermé.

J'ai oublié la suite, la réception, les invités… Je ne me souviens que de la pesanteur et du secret.

Geneviève est partie vivre à Nantes, près de sa belle-famille. Je ne l'ai revue qu'après la naissance de Charles. Nous sommes allés lui rendre visite tous les quatre, papa, maman, Catherine et moi, après son accouchement.

Elle s'était exclue du cercle… Elle était traitée en étrangère. C'était le prix à payer…

À Bordeaux, la vie continuait sans elle. On m'a laissée m'installer dans sa chambre. Je remplissais un vide.

Quand Catherine est partie à son tour, je me suis retrouvée seule occupante du dernier étage de la maison où se trouvaient nos chambres. Je passais de l'une à l'autre, au gré des saisons et de mes envies. Mes pérégrinations mettaient un semblant de vie dans ces pièces vides.

J'étais chargée d'occuper, à moi seule, l'« étage des filles ». J'avais un peu de mal…

1978-1983

Mes apprentissages

J'ai eu la chance d'échouer très tôt, et de l'évaluer très vite. Papa avait accepté que j'interrompe mes études de droit pour suivre ma « vocation ». Il pensait, sans doute, que tant d'ardeur à vouloir être comédienne finirait par payer. Comme Catherine qui, là encore, m'avait précédée, s'en tirait plutôt bien, il me laissa partir.

Les deux premières années que je passai à Paris furent un cauchemar sans fin.

Ni lui ni moi ne mesurions à quel point je n'étais pas prête. Je sortais d'une vie douillette, bien réglée, protégée, provinciale, où l'on portait au plus haut l'intelligence, la culture, la sensibilité, et je me retrouvais projetée, malaxée, torturée dans l'univers des fous du spectacle.

Oh ! Petits spectacles et petits fous. Des salles minuscules où des « créateurs » post-soixante-huitards montaient des spectacles d'« improvisations créatrices » ; des cours de théâtre où des disciples du « théâtre pauvre » de Grotowski et des grimaces de l'Actors Studio s'essayaient à la pédagogie. Je ne m'y suis pas reconnue, je m'y suis perdue. Je rêvais de grands textes, je rencontrais des imposteurs de la culture. Je rêvais de création, ils ne parlaient que de « mouvements ».

J'ai au moins appris à reconnaître de loin ces terroristes de la pensée, ces faux révolutionnaires, ces originaux conformistes, emmurés dans leur certitude d'être dans le « vrai », simplement parce qu'ils affectaient de se moquer du système en se parant des oripeaux de la « contestation idéologique ».

Évidemment, tout cela n'offrait pas de quoi vivre. J'ai trouvé un emploi à mi-temps de « démonstratrice » dans les grandes surfaces. Après cette expérience et pendant longtemps je n'ai pas pu entrer dans un supermarché sans avoir envie de vomir…

Je dérivais dans un tunnel sans fin.

Je m'enfonçais dans le vide.

J'étais aussi sans domicile fixe. Je portais mes valises tantôt chez l'un, tantôt chez l'autre, comme si le nomadisme pouvait me sauver de la chute. J'étais la petite fille aux allumettes qui rêve devant les vitrines de Noël, exclue, dehors ; les portes du monde m'étaient fermées… J'allais mourir, je mourais, j'étais morte…

J'ai tenu le choc. Par orgueil, par bravade – jusqu'à ce que je sois terrassée par ce qui se présenta comme une méningite.

Hospitalisation d'urgence, encéphalographie, ponction lombaire – et cette douleur à la tête… à croire que mon cerveau explosait lentement. Deux jours plus tard, le verdict tombait : « Vous avez tous les symptômes de la méningite, mais ce n'est pas une méningite… »

C'est ce qui m'a sauvée : la peur de devenir folle, la peur de sombrer. J'ai signé une décharge pour fuir l'hôpital, partir, me sauver – dans tous les sens du terme.

Quelques jours plus tard, j'étais à Bordeaux.

Je ne pensais pas retrouver les études avec un tel plaisir. La chance a voulu que je croise un de mes professeurs de droit. Jacques T. enseignait le droit comparé. Il était atypique dans le monde compassé de l'université de droit, anticonformiste par goût de la provocation, et aquarelliste de grand talent par amour pour Turner. Il portait, sur la vie en général et la sienne en particulier, un regard amusé et cynique, prisonnier volontaire des conventions – qu'il transgressait parfois avec un bel enthousiasme ; je me souviens d'un oral où, après m'avoir écoutée quelques minutes sur le sujet imparti, il me dit : « On s'en fiche de tout ça, parlez-moi plutôt de vos vacances. »

Ce regard « différent » l'a rendu plus attentif peut-être à ma détresse. Grâce à lui, j'ai repris mes études, parce qu'il a su me dire ce que j'avais besoin d'entendre : « Il sera toujours temps de revenir au théâtre, mais en attendant, ne vous gâchez pas, vous êtes jeune, revenez à la fac, vous verrez, ça peut être agréable aussi de n'avoir rien d'autre à faire que d'étudier. » Quelques jours plus tard, j'étais à nouveau inscrite et je reprenais les cours, avec l'approbation de mes parents.

Comme tous ceux qui ont à peine vingt ans, il me semblait avoir vécu déjà toute une vie. Et je découvrais soudain que je pouvais avoir encore un avenir. À condition d'accepter l'échec, de le surmonter – de l'accepter pour pouvoir le dépasser.

J'ai retrouvé mes habitudes d'étudiante. Tout était simple, doux, facile. Les longues heures de recherche à la bibliothèque, les cas de droit à étudier, les théories économiques à redécouvrir, les conférences politiques à suivre… Je saisissais enfin qu'apprendre est un plaisir. J'inventais mes propres méthodes de travail.

Je n'avais plus de vocation. Tout ce que je savais, c'est ce que je ne voulais pas être : ni avocate ni juge. Avocate, c'était m'installer, poser ma plaque contre un mur, avoir le même bureau toute ma vie… Juge, c'était délivrer des sentences, condamner, emprisonner, surveiller.

Je ne m'étais pas délivrée du carcan du rêve pour me retrouver enfermée dans une fonction. Je voulais terminer mon DEA de droit européen tout en suivant Sciences-Po. Et repartir… je ne savais pas encore vers quoi.

En désespoir de cause, j'ai passé une annonce dans *Le Monde* (oui, ça fait un peu préhistorique à l'heure d'internet ! ! !). La rédaction était dictée par des contraintes financières – chaque lettre étant facturée : « JF DEA de droit du travail, bilingue, cherche poste à responsabilité. Paris province étranger »… On fait difficilement plus vague.

Finalement, après plusieurs entretiens, j'ai été recrutée à Bruxelles par une agence de presse spécialisée dans les « confidentiels » européens. Je devenais journaliste, un monde nouveau s'offrait à moi.

C'était un métier dont la médiocre élève que j'étais ne pouvait même pas rêver. Après mes ratages théâtraux, après mes tâtonnements universitaires, je me plongeai dans les joies de l'enquête et du reportage avec délice. Rien ne me rebutait, ni la longueur des séances au Parlement européen, ni la complexité du Serpent Monétaire Européen… (On était avant l'euro !)

J'ai adoré vivre à Bruxelles où j'ai retrouvé un certain art de vivre. Cette ville bourgeoise, provinciale, recèle aussi des trésors de folie douce. Les Belges sont des gens formidables. Ils regardent les débordements de la jeunesse avec la bienveillance narquoise des vieilles dames qui savent qu'il faut bien que jeunesse se passe.

Dans cet univers cossu et cosmopolite, on travaillait beaucoup, on s'amusait énormément. Entre les institutions européennes et l'Otan, bien des déracinés se côtoient à Bruxelles. Je sortais tout le temps, les fêtes du Parlement succédaient aux réceptions dans les ambassades, et le protocole était des plus souples. J'ai rencontré tous les dirigeants européens, que je n'aurais pas même croisés à Paris. J'ai déjeuné et dîné avec plus de ministres et de présidents que je n'aurais jamais imaginé.

Et puis je me suis lassée : les montants compensatoires monétaires, les quotas laitiers… J'avais envie de voir de vraies gens, de rencontrer celles et ceux dont les règles européennes régissaient la vie, j'avais envie de retourner sur le terrain en France… J'ai fini par être engagée dans une grande radio parisienne.

À Paris, Catherine, engluée dans son statut d'intermittente du spectacle, se morfondait dans un petit logement et sombrait dans la mélancolie. Mon retour serait l'occasion d'une nouvelle vie à deux. Je trouvai un pied-à-terre qui nous convenait. Et puis nous n'étions plus dans la rivalité. N'avais-je pas renoncé au théâtre ?

Je crois que nous aurions pu vivre ainsi très longtemps, Catherine et moi, dans la douce sécurité du grand appartement de l'avenue de l'Observatoire, avec des amoureux de passage. Ils trouvaient sans doute fort attirantes ces deux sœurs si proches et si différentes, qui certainement n'investiraient pas leur quotidien, puisque nous formions déjà un foyer à deux… Ceux qui n'étaient pas effrayés par le côté « maison de filles » (quand j'y pense, nous avions reconstitué à deux le gynécée originel) y trouvaient un charme certain.

Nous n'étions pourtant pas du genre à troquer nos passades. Mais nous étions complémentaires… yin et yang, nocturne et diurne. Catherine tournait pour la télévision ou jouait au théâtre. Je me plongeais dans les enquêtes économiques.

Nous échangions nos expériences, à défaut d'échanger nos amants. Elle m'entraînait au spectacle, écumait les librairies et me faisait sans cesse découvrir de nouveaux auteurs. Je partageais avec elle mes indignations et mes découvertes politiques.

Nos dîners étaient de qualité, parce qu'elle faisait la cuisine, et la conversation de bonne tenue. Bref, nous nous valorisions l'une l'autre. Les hommes venus pour l'une s'émerveillaient toujours de découvrir l'autre : « Ta sœur est formidable ! »

Et nous aimions ça ! On finissait par nous inviter ensemble, le cercle des relations n'en était que plus varié.

Bien sûr, chacune prenait ses distances quand il y avait un amoureux dans le paysage... Le salon restait libre pour celle qui recevait en tête à tête. Parfois l'une ou l'autre partait, le temps d'un week-end, son homme sous le bras.

Mais jamais la porte de la chambre de l'autre n'était fermée lorsqu'il s'agissait de véritable urgence – une rage de dents ou un dépit amoureux. Combien de nuits passées à pleurer dans le giron de l'autre ! « Je ne peux pas dormir, je suis trop malheureuse... » Et nous nous installions sur le grand canapé du salon, pour parler, parler, parler...

Janvier 2001

Point de repos

Hier, j'ai téléphoné à papa pour lui proposer une liste de maisons spécialisées où il pourrait passer quelques jours avec maman, puisqu'il ne veut pas être séparé d'elle.

J'ai repéré une maison de santé près d'Arcachon, où les couples peuvent être accueillis. Ce n'est pas très loin de Bordeaux, et c'est un coin qu'ils connaissent bien. J'avais pensé qu'il pourrait y séjourner pour se reposer, se détendre tout en restant avec elle.

J'ai appelé le directeur pour lui exposer la situation.

— Mon père est vieux, il veut tout assumer, mais il n'en peut plus. Le centre pourrait-il les accueillir pour une quinzaine de jours ? J'imagine bien ce que ma demande peut avoir d'incongru. Je sais bien que vous n'êtes pas un hôtel. Mais, à vrai dire, maman n'est pas en état d'aller dans un hôtel, et mon père ne veut pas entendre parler de maisons spécialisées. Il en a une image extrêmement négative – et j'ai pensé que chez vous…

— Mais bien sûr, madame, nous pouvons prendre des pensionnaires pour des durées courtes. Je peux tout à fait proposer quelque chose de provisoire, un mois ou même quinze jours, afin qu'il se fasse une idée plus juste…

Je sais que les maisons de la mutuelle de l'Éducation Nationale ont toutes très bonne réputation. Je suis sûre qu'il trouverait plus facilement ses marques avec d'autres collègues retraités de l'enseignement comme lui. Mais je m'inquiète de savoir si la structure sera bien adaptée.

— Pourra-t-il se décharger sur le personnel médical de la gestion de maman ?

— Oui, bien sûr. À ceci près que la maison n'est pas fermée. Il lui faudra donc assurer une certaine surveillance.

— Je crois, hélas, qu'il en a déjà l'habitude. Ce ne sera pas le plus difficile. Il me faut maintenant le convaincre, et ça !

— Dites-lui qu'il m'appelle. Je pense pouvoir répondre à toutes ses questions. En attendant, je vous envoie les papiers. Je pense que nous aurons une chambre pour eux aux alentours de Pâques.

— Oui, bonne idée, ce serait formidable, merci beaucoup, vraiment !

Je l'embrasserais bien, ce directeur, et je me réjouis déjà de la bonne surprise que je vais faire à papa avec ce séjour organisé comme des vacances.

Seulement, voilà ! Dans notre famille, une femme – et une seule – a pu, de tout temps et à jamais, organiser les choses, prendre des décisions qui concernaient le couple. Et puisqu'Elle est « empêchée », comme on dit en politique, rien ne peut, rien ne doit changer.

Papa vit dans le château de la Belle au bois dormant – sauf que le Prince n'est plus très vaillant, la Belle plus très fraîche et bien loin de retrouver un jour ses esprits !

Je ne l'ai pas compris tout de suite. Je n'étais que la fille, et la fille ne peut pas usurper le trône de la reine mère. Fermez le ban !

Oh, bien sûr, il ne me l'a pas dit comme ça. Il a commencé par faire mine de s'y intéresser. Puis il a trouvé qu'il y avait trop de papiers à remplir, que l'accord de la Sécurité sociale serait trop fastidieux à obtenir…

— Mais, papa, tu peux t'en passer, de l'accord de la Sécu ! Ça n'a d'intérêt que si tu veux être pris en charge et remboursé. Si tu en as les moyens, tu peux y aller comme ça, en payant de ta poche. Il suffit que tu envoies le dossier médical de maman, pour que l'équipe soignante se prononce sur les formes d'accueil à prévoir et soit informée sur le traitement qu'elle suit…

— Ne dis pas de bêtises, je ne peux pas y aller sans l'accord de la Sécu !

— Mais bien sûr que si, ce qui compte, pour le directeur, c'est d'être payé pour ton séjour ; que ce soit par toi ou par la Sécu, il s'en contrefiche !

— Mais sans l'accord de la Sécu, ils ne nous accepteront pas…

— Je te promets que si. La Sécu, ce n'est pas le ministère de la Santé ou de la Justice. Il ne s'agit pas de signer un ordre de placement ou une levée d'écrou ! La Sécu, c'est un organisme administratif qui prend en charge les frais médicaux à certaines conditions. Ce n'est pas elle qui établit des diagnostics médicaux !

Il n'a jamais voulu me croire !

J'avais un jour alerté les services de la mairie de Bordeaux pour qu'ils envoient un responsable social, afin d'analyser les besoins réels d'assistance ménagère et médicale de papa et maman. Au bout de dix minutes d'entretien, papa avait mis dehors le malheureux qui « n'arrêtait pas de poser des questions indiscrètes. Franchement de quoi il se mêle, celui-là ? Qu'est-ce qu'il a besoin de connaître les détails de ma carrière pour nous trouver une femme de ménage ? »

— Mais c'est pour établir les tarifs, papa ! Tu ne vas pas, toi, universitaire à la retraite, payer la même chose qu'un ouvrier smicard !

— Évidemment ! Qui le demande ? Qu'ils me disent combien je dois, sans me soumettre à un questionnaire de police !

— Ça n'a rien de personnel, tu sais. Il fait son métier !

— Eh bien, il le fait mal, son métier, voilà ! J'ai passé l'âge que des jeunes « sauteurs » (c'est, dans sa hiérarchie personnelle, l'expression du mépris absolu) viennent me faire suer chez moi.

J'avais donc appelé la mairie pour remercier, m'excuser d'avoir dérangé un agent pour rien – et papa s'était débrouillé avec les « relations » de la concierge de son immeuble.

Et dire que cet homme-là a fait des études supérieures ! Il est vrai que les universitaires n'ont qu'une idée très vague des contraintes que rencontre le commun des mortels.

J'avais donc dû céder sur les services sociaux de la mairie, mais j'espérais le convaincre pour la maison de repos. C'était une question de stratégie, et il me fallait des alliés. J'ai exposé mon projet à Catherine.

Calamitas ! Comment ai-je pu une seconde imaginer que Catherine trouverait intéressante, ou constructive, une initiative venant de moi ?

D'abord, l'idée même de la maison de repos.

— Mais enfin, Françoise, tu veux les tuer ! Papa a toujours dit qu'il refusait d'aller en maison de retraite, et il n'est pas question de placer maman !

— Mais il ne s'agit pas de ça ! C'est un établissement très confortable, très sympa, les pieds dans l'eau. C'est l'affaire de quelques jours, à l'essai en quelque sorte. Papa pourra papoter avec d'anciens collègues, aller à la pêche ou jouer à la belote, ce qu'il veut. Et maman sera avec lui. À elle aussi, ça ne peut lui faire que du bien, des ateliers d'éveil…

Je n'aurais pas dû ricaner en parlant d'ateliers d'éveil. Ça m'apprendra à faire du mauvais esprit ! Catherine ne m'a pas trouvée drôle. Mais elle a fini par se laisser convaincre qu'une expérience temporaire pourrait leur être profitable.

Courte victoire ! Car ensuite, ce fut le choix du site.

— Non, non, les mettre dans une maison gérée par la mutuelle des enseignants, tu n'y penses pas ! Bien trop compliqué ! Et c'est loin de leur maison de campagne. Papa n'aime que Saint-Mont. Il faut trouver quelque chose dans le coin.

— J'y ai bien pensé. Mais il n'y a pas l'équivalent dans le Gers. Tu ne trouveras pas de centre « quatre étoiles » comme avec leur mutuelle. Ils se retrouveraient dans une maison de retraite avec tous les vieux agriculteurs du coin, ceux qui sont trop gâteux pour garder les poules à la ferme ! Tu parles d'une ambiance !

— Mais c'est pas pour lui ! C'est pour maman ! On lui trouve une place, et il vient la voir tous les jours. Tu sais, je lui ai parlé, il est décidé à trouver quelque chose pour elle, à côté de la maison.

— Et tu crois vraiment que, quand il aura vu la bobine des pensionnaires, tous plus séniles les uns que les autres, il voudra encore l'y mettre ?

— Écoute, j'ai appelé son médecin de campagne. Il m'a donné une liste de maisons très bien, pas très loin de chez eux, que papa doit visiter.

— Allons bon ! Catherine, enfin, pourquoi tu ne laisses pas faire ce qui est déjà en route ? Je te jure, il n'y a pas de comparaison entre une petite maison de retraite de campagne gérée par le département et les infrastructures que leur mutuelle leur offre !

— Au fond, je ne crois pas qu'il ait envie de bouger. Ton idée de séjour… Bien sûr, ça aurait pu leur plaire, il y a quelques années… Mais maintenant…

— En attendant, ils sont tous les deux seuls à la maison, et c'est papa qui se coltine tout !

À quoi bon continuer d'argumenter ? Je sais que c'est plié. Catherine propose déjà à papa un autre projet, et il sera trop content d'en profiter pour se défiler.

Je cède sans combattre. La compétition sur la maison de retraite, c'est au-dessus de mes forces ! Qu'ils se débrouillent entre eux, la fille parfaite et le vieux bougon ! Oui, qu'ils se débrouillent, entre les velléités de l'une et l'immobilisme de l'autre !

Moi, je reste sur le carreau, vexée comme une punaise d'être renvoyée dans les cordes ! Gérer la démence de la mère, la jalousie de la sœur et la névrose du père, ce sera sans moi !

Je décroche le téléphone pour me plaindre à Geneviève.

— Laisse tomber, elle a toujours été comme ça ! Tu n'arriveras pas à la convaincre… De toute façon, pour ce que ça change… Papa ne fera rien, tu le sais bien.

Oui, je le sais. Mais j'aurais aimé que l'on apprécie mes efforts, que l'on me permette de me rendre utile. Que l'on me reconnaisse. Faut-il qu'à mon âge je sois toujours à la recherche de ma place dans cette famille ?

Alors qu'ils n'attendent rien de moi.

Ils ne m'accordent même pas le droit de leur rendre service !

Février 2001

Œdipe…

Récemment, j'ai fait un drôle de cauchemar : je devais me marier… Mais ce n'était pas véritablement un amoureux, c'était un homme que je connaissais depuis longtemps et qui m'avait demandé de l'épouser parce qu'il était triste et seul.

L'image du père ?

La perspective de ce mariage ne me rendait ni gaie ni triste. Plutôt sereine. Apaisée. C'était comme un devoir, et j'étais contente de faire plaisir.

Plan suivant. Nous sommes tous à l'attendre devant la mairie, et quelqu'un me dit qu'il est souffrant, qu'il faut que j'aille le voir.

Je me précipite chez lui. Il est assis, la tête entre ses mains. Il me dit :

— Écoute, je crois que ce n'est pas une bonne idée. On ne peut pas se marier. J'ai déjà eu deux épouses.

Mes deux sœurs ?

Et d'ajouter :

— Je crois qu'elles seront tristes si je me marie à nouveau. Et puis, je suis fatigué. Je ne suis pas sûr de faire un bon mari. Dis à tout le monde de rentrer et laisse-moi.

— Mais c'est impossible !

J'éclate en sanglots.

— Pourquoi dis-tu ça maintenant ? Moi, je n'avais rien demandé, c'était pour te faire plaisir ! Et maintenant, tu me dis de partir !

— Oui, il faut que tu partes...

Œdipe, que me veux-tu ? Ma conscience me souffle que ce rêve est absurde. Pourtant, je me réveille en larmes, le cœur brisé.

C'est très désagréable de se réveiller en pleurant. D'abord, ça mouille l'oreiller et on a les yeux tout gonflés. Ensuite, c'est comme pour la créativité : mes phrases ne sont belles que dans mes songes, et les souffrances ou l'amour sont toujours plus violents dans les rêves...

J'ai de gros hoquets de chagrin, un chagrin d'enfant, irrépressible – au point que mon fils Paul, qui s'est glissé dans mon lit comme il le fait souvent la nuit, se réveille.

— Pourquoi tu pleures, maman ?

— J'ai fait un cauchemar…

— Mais les grandes personnes ne font pas de cauchemars, ce sont les enfants…

— Les grandes personnes ne sont que de vieux enfants, mon chéri.

— Alors, grand-mère, c'est un très vieux bébé ?

— Oui, c'est un peu ça…

Et elle redevient un peu plus bébé chaque jour…

Ma copine Olympe écoute mon récit et éclate en sanglots à son tour. Elle me raconte qu'elle a beaucoup pleuré à la mort de sa mère et qu'en la voyant désespérée son jeune fils (il avait onze ans à l'époque) lui a dit : « C'est si triste un enfant qui pleure sa mère… »

Qu'est-ce que papa nous a transmis ? Son sens des valeurs – le goût du travail bien fait, le respect de l'autorité et le rugby. Mais comme dit mon neveu Charles, le fils aîné de Geneviève : « Lui, quand il regardait les matchs, c'était moi devant et tous derrière… » On avait le droit de regarder la télévision à condition de ne pas faire de bruit, de ne pas bouger un cil – de ne pas le déranger.

À Bordeaux, il méprisait les amateurs de football, « un sport de gonzesses où les joueurs se roulent des pelles et se couchent dans l'herbe les uns sur les autres à chaque but »... Rien à voir avec la virile bourrade du rugbyman.

Quand il y avait match, il fallait faire silence à la maison. Les murs tremblaient, alternativement, de ses cris et des commentaires de Roger Couderc... Papa ne s'intéressait qu'au Tournoi des Cinq Nations, bien sûr... le grand chelem ou la cuillère de bois ! Si la France gagnait, il chantait en patois : *Beth ceu de Pau, quan te tournarey bede ?* (Beau ciel de Pau, quand te reverrai-je ?) *Qu'ey tant soufert despuch qui t'ey quitat.* (J'ai tant souffert depuis que je t'ai quitté.)

Les mêmes valeurs... Aujourd'hui, lorsqu'il m'arrive de regarder un match, je crie, j'encourage l'équipe, je hurle comme il le faisait, quand un joueur monte à l'essai ou passe un drop. Mais il est absurde de ne pas partager ce plaisir. Et pourtant, je n'ai jamais vu mon père suivre un match avec des copains en buvant une bière. Il célébrait l'esprit du rugby, le fair-play des joueurs, la virilité des engagements physiques, la réconciliation de la troisième mi-temps, mais il n'en respectait pas les règles : la solidarité, le pack, le partage et le cassoulet au bistrot. Peut-être voulait-il rester seul, peut-être avait-il honte de se comporter comme le plus crétin des supporteurs de base… Ou, plus simplement, il n'avait pas envie de partager quoi que ce soit avec nous.

Charles pense que grand-père n'a jamais voulu constituer une tribu : « Ça ne l'intéressait pas de rassembler la famille. »

À Saint-Mont, quand il était petit, Charles allait plus volontiers s'amuser chez le fermier voisin, parce que chez « grand-père » il n'avait le droit ni de jouer dans la grange, où il aurait pu abîmer les outils, ni de s'enfermer dans le grenier, où il aurait pu mettre du désordre, ni d'aller faire du vélo – parce que ce n'était pas le sien. Le voisin le laissait manipuler ses outils, l'emmenait aux champs ou à la pêche et lui prêtait son vélo.

Papa est d'une génération (ou d'un milieu ?) où les hommes n'avaient pas à s'occuper des enfants. Il a été un père distant, et un grand-père indifférent. En un sens, il est très gascon : délicieux et charmeur en public, gai compagnon, joyeux hôte devant des tiers – et radicalement taciturne en famille. Ne pas le déranger. Ne pas rentrer dans son bureau. Ne pas faire de bruit. Ne pas inviter d'amis…

Quand le téléphone sonnait, il se levait en maugréant : « Mais qui vient encore m'emmerder !... » Exclamation immédiatement suivie, dans la même émission de voix, du plus cordial des « Bonjour, chère amie, que me vaut le plaisir ? »

Se souciait-il de l'amour de ses enfants ? Je ne crois pas. C'était une donnée comme une autre : les enfants aiment et respectent les parents.

Et le respect passait avant l'amour.

1983-1993

Carrière ou enfant ?

D'aussi loin que je me souvienne, je n'ai jamais imaginé ma vie sans enfants. J'ai sans doute fini par croire ce que nous répétait maman : « Pour une femme, le plus important, ce sont ses enfants. » Elle avait de la féminité la vision d'une déesse-mère, qui tient son pouvoir de sa capacité à procréer. Les enfants avant l'homme, et même en dépit de l'homme, qui n'était, à l'en croire, qu'une « variable » – un agent reproducteur.

S'il me semblait donc difficile, et très improbable, de passer toute ma vie avec un seul homme, il m'était tout aussi impensable de passer ma vie sans enfants. J'ai parfois rompu avec des hommes parce que je sentais bien qu'ils ne voulaient pas d'enfants. Comme s'ils refusaient une part de moi-même.

Pour moi, être une femme libre, c'était avoir des enfants.

Catherine avait sur ce sujet un sentiment totalement opposé. Elle citait volontiers le mot de W. C. Fields : « Un homme qui déteste les enfants et les chiens ne peut pas être totalement mauvais. »

Aussi, lorsqu'elle entreprit d'être enceinte, au prix de bien des traitements et de mois d'attente, je fus (encore une fois ?) surprise. Peut-être eus-je le sentiment qu'elle voulait, là encore, être la première… Sentiment peu fraternel, que je gardais pour moi.

Elle habitait désormais l'appartement mitoyen, au même étage. Nos vies s'organisaient l'une sans l'autre – mais nous aurions été bien incapables de mettre entre nous plus de distance que le palier qui séparait nos appartements.

Arriva Gaëlle…

Certains cauchemars nous confrontent à une situation si invraisemblable que nous nous réveillons, car l'absurde est trop fort… C'est exactement ce qui s'est passé pour le premier accouchement de Catherine, sauf que ce n'était pas un cauchemar !

Dès le septième mois, le bébé manifesta son désir de sortir. Catherine était suivie dans un centre hospitalier de pointe, à Clamart, en banlieue parisienne. Quand elle m'appela, vers minuit, je m'efforçai d'abord de la calmer. Elle était seule, moi aussi, je l'accompagnerais à l'hôpital, et elle serait prise en charge par la meilleure équipe médicale possible, et le bébé aussi.

Je n'avais qu'à gérer un court moment délicat – le trajet vers l'hôpital. Mais rien ne se passa comme prévu.

Elle voulut d'abord conduire sa voiture elle-même. L'argument était technique.

— C'est une boîte automatique, tu ne sauras pas la conduire.

— Mais si, Catherine, je t'assure !

— Mais non ! Et il faut éviter les cahots de la route. Je connais mieux le chemin. Dépêche-toi !

— Écoute, tu serais mieux allongée à l'arrière… Tu vas arriver assise sur la tête du bébé ! Et conduire favorise certainement les contractions.

Mais Catherine est toujours entêtée, surtout dans les cas graves, et je sentais bien que rien ne la ferait changer d'avis. Je jugeai préférable de céder, plutôt que de discutailler, au risque d'accroître son stress bien légitime. Après tout, peut-être que ça ne changeait pas grand-chose…

À notre arrivée à l'hôpital, premier étonnement : la maternité est fermée, plongée dans le noir absolu. Nous nous présentons aux urgences principales. Coups de klaxon, personne ne bouge. Au bout d'une éternité, un infirmier bedonnant vient aux nouvelles, d'un pas de sénateur.

— Vite ! C'est pour un accouchement, un bébé prématuré…

— Ah, mais vous ne savez pas ? L'hôpital est fermé.

— Vous plaisantez ! Fermé ?

— Oui, fermé pour trois jours. Il ne reste que quelques grands malades et un interne de garde.

— Allez le chercher, et vite !

Je peux presque sentir l'angoisse de Catherine. Nous rentrons dans les urgences désertes. Elle est pliée en deux, elle serre les dents. L'interne arrive en même temps que nous : un jeune homme tout à fait convenable, et manifestement dépassé.

— Mais comment se fait-il ? Vous n'étiez pas au courant, toutes les patientes ont été prévenues…

— Sans doute, mais le bébé, lui, il n'était pas au courant, et il a décidé d'arriver plus tôt que prévu. Il faut nous aider.

— Mais je ne peux pas, il n'y a pas de sage-femme, il n'y a pas de couveuse… Vous ne pouvez pas rester !

Je m'énerve.

— Mais enfin, bon Dieu de bois, vous n'allez pas la laisser accoucher sur le trottoir ! Appelez une infirmière, faites-la allonger…

J'ai l'impression de jouer une version moderne et impromptue des *Deux Orphelines*. Catherine répète, comme un disque rayé : « Sauvez mon enfant ! » d'un air pathétique. J'essaie de plaisanter pour lui remonter le moral. Mais je ne suis pas très vaillante non plus.

Finalement, elle est allongée dans un box des urgences, sous la surveillance d'une infirmière, pendant que l'interne et moi essayons de trouver un hôpital doté d'une maternité et d'un service de néonatalité qui pourrait nous accueillir.

Après des heures de négociations, Port-Royal nous accepte. Formidable ! C'est à deux pas de la maison, et le service des prématurés est l'un des plus performants de France. Encore faut-il y aller ! Catherine, de l'avis général, ne peut pas voyager assise, et c'est finalement un service privé d'ambulance qui l'emmène à Port-Royal.

Je n'ai qu'une peur : que les contractions reprennent pendant le trajet… Et si le bébé naissait en route ? À sept mois ? Avec le recul, je me dis que cet interne était un peu inconscient de nous laisser partir ainsi, en pleine nuit, sans aucune assistance médicale.

Je sermonne le chauffeur de l'ambulance :

— Monsieur, quoi qu'il arrive, vous foncez. Vous ne vous arrêtez pas, même et surtout si elle a mal. Si vous vous arrêtez… je vous tue ! Je vous suis en voiture. Dans un quart d'heure, nous devons être arrivés.

Le bébé a dû m'entendre et a bien voulu patienter.

À Port-Royal, Catherine est prise en charge par un interne intelligent et charmant. Le bébé, légèrement contrariant, décide de se donner quelques jours de répit. Huit jours exactement, pendant lesquels Catherine n'a eu le droit ni de se lever ni même de bouger dans son lit.

Un soir, vers minuit – forcément –, appel de l'hôpital : « Votre sœur va accoucher. » Je saute sur mon scooter pour retrouver Catherine en salle de travail. Elle est seule, mais déjà équipée d'un « monitoring » qui surveille le cœur du bébé. J'ai apporté l'indispensable : brumisateur d'eau pour la mère et pyjama pour l'enfant…

Ce fut… je ne peux pas dire comment… Ce fut la conjonction exacte de la souffrance et du bonheur. J'ai compris ce jour-là la vraie signification du mot « délivrance ». Pendant le « travail », j'ai cru que Catherine allait mourir, tant la douleur était violente, et j'en ai même oublié l'enfant.

Elle voulait être assise, elle m'engueulait, elle en voulait à la terre entière, et je sentais que mon seul rôle, le seul qu'elle consentît à m'octroyer, était de l'accompagner jusqu'au seuil extrême de cette douleur où l'on ne sait plus quelle est la part de vie et de mort…

Je comprends pourquoi les hommes refusent d'assister à l'accouchement de leur femme. Ce n'est pas pour ce que l'on voit – je n'ai rien vu, pas même quand on lui a fait une épisiotomie. C'est pour ce que l'on vit. Quelque chose qui relève de la pure métaphysique, et des origines du monde. Pour donner la vie, il faut se perdre, n'être plus rien, plus personne, n'être plus que souffrance, et même au-delà – et enfin, au seuil ultime de l'intolérable, de l'autre côté du pont, là où l'on n'est plus humain à force d'outrepasser ses possibilités, entendre le très léger, très doux gémissement d'un enfant.

Car l'enfant n'a pas crié. Pas ce bébé-là. Il a juste fait savoir que c'en était fini de tout ce trop. Et c'est là que Catherine l'a reconnu.

Elle a pris à peine quelques minutes le bébé sur son ventre. On l'a rapidement mis en couveuse pour l'emmener dans le service de néonatalité.

Le père n'était pas là. Notre mère n'avait pas voulu se déplacer.

Elle était l'alpha et l'oméga de la maternité, dont elle définissait les contours. L'art d'être grand-mère n'était pas son fait : elle ne s'intéressait pas à ce qui pouvait nous advenir en dehors d'elle. Que ce soient nos enfants ou nos hommes.

La vie semblait s'organiser enfin ! Nous étions presque devenues autonomes, adultes. Catherine avec son bébé relativisait les absences de son compagnon, pas encore divorcé et déjà père de famille. Bien sûr, elle pestait qu'il ne soit pas là, présent en permanence, mais elle paraissait aussi s'accommoder plutôt bien de son tête-à-tête forcé avec Gaëlle. Et sa solitude de jeune maman générait de nouvelles amitiés, de nouvelles solidarités.

Il y avait aussi maintenant son travail. Je lui avais trouvé un emploi à TF1 où j'avais été engagée comme journaliste depuis 2 ans. Le directeur de la rédaction cherchait une présentatrice pour la météo pendant l'été. Je recommandai Catherine dont les compétences me semblaient évidentes. Il s'agissait de lui procurer un peu de sécurité financière, un peu de stabilité – le vrai luxe de ceux qui travaillent dans une entreprise.

Quand j'en parlai à Catherine, elle fit la moue : elle était comédienne ! Devenir présentatrice météo, fût-ce à la télévision, ne la tentait pas. Elle devrait « passer de l'autre côté du miroir », disait-elle, ce n'était pas l'image qu'elle se faisait de sa carrière… N'arrivait-elle pas, vaille que vaille, à vivre de son métier ? Enfin, l'idée d'être enchaînée par des horaires contraignants lui plaisait à moitié. Elle ne pourrait plus jouer le soir au théâtre.

— Je ne suis pas faite pour être salariée, me répétait-elle, je ne suis pas faite pour travailler sous les ordres de quelqu'un, je détesterai l'idée de croiser les mêmes têtes tous les matins, d'avoir un emploi du temps fixe…

Elle finit par se laisser convaincre au nom des intérêts supérieurs de l'enfant. Gaëlle venait de naître, il n'était plus question de carrière de comédienne ou de théâtre le soir, il s'agissait surtout d'assurer leur subsistance, à toutes les deux.

Et le remplacement de l'été s'est prolongé jusqu'à aujourd'hui !

Et quel autre conseil, quel autre secours pouvais-je lui donner ? Moi qui n'avais pas d'enfants et désespérais d'en avoir…

Peut-être aussi parce qu'elle sentait cette douleur-là, Catherine se fit plus légère et s'interdit de me faire partager ses angoisses.

Car si le désir d'enfant était là, l'enfant se faisait attendre. Oh, ce n'était pas faute de le vouloir ! Mais, mystère de la nature, ça ne marchait pas ! J'avais bien un amoureux – mais cette condition nécessaire ne s'avérait pas suffisante.

Nous ne vivions pas en « couple ». Peut-être cela nous faisait-il peur, parce que nous nous aimions trop. Nous passâmes ainsi près de cinq ans dans une cohabitation bancale. Au début, je lui volais un tee-shirt ou un pyjama, pour garder quelque chose de sa présence – puis je m'y suis faite, à moins qu'il n'ait fini par accepter de laisser quelques traces de son passage…

Alors nous est venu le désir d'enfant. À vrai dire, l'idée m'en est venue la première. Il se disait prêt à sauter le pas, mais je sentais bien qu'il avait des doutes – pas sur nous ou sur son désir, mais sur sa capacité à être père.

Je le rassurai, je me voulais légère, tranquille. L'enfant nous engagerait sans doute l'un vis-à-vis de l'autre, mais il ne ferait pas forcément de nous des personnes différentes. Bref, je peignais en rose les contours de cette vie à trois. J'enjolivais. Je mentais un peu. Condition nécessaire, mais insuffisante.

Après plusieurs épisodes douloureux, il nous fallut accepter de recourir à la fécondation in vitro… Une autre aventure commençait, qui demandait des nerfs d'acier et un moral à toute épreuve. Et pas question de manquer l'opération pour cause d'emploi du temps surchargé. L'année entière se trouva ainsi planifiée au gré des tentatives, ce qui donna lieu à des situations que l'on jugea cocasses… après coup.

Pour un voyage au Canada où je devais couvrir un sommet de chefs d'État, je partis avec mon stock de médicaments et de piqûres : deux sous-cutanées et une intramusculaire par jour. J'arrivais à m'injecter vaillamment moi-même les sous-cutanées, mais je bloquais sur les intramusculaires. On a beau dire : le quart supérieur externe de la fesse… Arrivée le soir à l'hôtel, je tentai de me piquer seule, mais je calai vite : impossible d'enfoncer l'aiguille. À la quatrième tentative, l'aiguille dans la main droite visant – dans la glace – la zone fatidique… je renonçai et décidai d'appeler à l'aide le confrère de TF1 qui était avec moi.

— Lulu ? Tu peux me rendre un service ? Il faut que je me fasse une piqûre et je n'y arrive pas. Tu es le seul à qui je peux demander ça…

Grand rire au téléphone. Dix minutes plus tard, il frappait à la porte de la chambre. Il ne s'en tira pas trop mal.

Pour la piqûre du lendemain, je n'avais plus de seringue. J'allai dans une pharmacie, mais il s'avéra impossible d'acheter des seringues sans ordonnance. J'eus beau faire, expliquer mon traitement, brandir les ordonnances françaises, il fallait une ordonnance d'un médecin canadien. Évidemment je n'avais pas le temps de me rendre à une consultation. Après tout, j'étais là pour travailler. Alors, sur les conseils de mon ami Lulu, qui avait pris très à cœur mes difficultés, je finis par faire appel au médecin attaché au Président de la République.

Il se montra plein de sollicitude.

1974-1985-1993

Nos enfants

Catherine dit que maman a commencé à divaguer au moment de la naissance de ses filles. C'est possible. Je ne sais pas. Mais je sais que nous n'étions pas programmées pour avoir des enfants. Une femme n'est femme que lorsqu'elle est mère – à condition qu'il n'y ait jamais qu'une seule mère.

Geneviève, pionnière en la matière, avait été traînée à l'autel le rouge au front, car « elle n'était plus jeune fille ». N'importe : Geneviève n'échappa pas pour autant à l'opprobre familial. Et les larmes de maman, à la messe de mariage, n'étaient pas des larmes de joie.

J'étais encore trop jeune pour comprendre. Je ne me rappelle que les dîners pesants avec les nouveaux mariés condamnés à partager la table commune : « Puisqu'ils l'ont voulu, il faudra bien qu'ils se plient à la règle ! » Cette méthode rencontra un certain succès : trois ans et deux enfants plus tard, Geneviève et Pierre divorçaient.

Pour Catherine, ce fut… nucléaire. Si elle n'était pas mariée, le père l'était, lui – ailleurs. Elle cacha son « état », comme disent les romans, à ma mère, consciente que les foudres ne tarderaient pas à s'abattre sur elle.

Comment comprendre que des intellectuels aisés aient vécu comme un drame l'arrivée d'un enfant, en 1985 ? Papa, qui avait pleuré de joie à l'élection du premier Président socialiste en 1981, se figea en statue du Commandeur quand il s'est agi d'appliquer à la maison le slogan de sa chère gauche : « Changer la vie ! »

Catherine, enceinte, fut interdite de séjour dans le Gers. Elle passa l'été chez des amis au bord de la mer, au calme, loin des fureurs familiales. Mais l'enfant allait arriver. La situation devenait grotesque. Je n'avais pas pu faire grand-chose pour Geneviève ; je décidai de frapper fort pour Catherine.

J'allai voir les parents. Maman pleurait toutes les larmes de son corps ; elle allait s'enfermer au couvent ! Papa, sombre et taciturne, interdisait que l'on prononce à table le nom de Catherine. À la fin de cette première journée extrêmement éprouvante, je mis finalement les pieds dans le plat.

— Voilà, le choix est simple : un enfant va naître dans cette famille. Chez n'importe qui, ce serait une bonne nouvelle. Chez nous, c'est un malheur. Je ne veux pas savoir pourquoi. Ça m'est égal. Mais ce petit enfant n'a pas mérité ça. Que vous ne le désiriez pas, ce bébé, c'est votre problème. Pas le mien, pas le nôtre. Alors, voilà : soit vous acceptez cet enfant à venir, et vous arrêtez de traiter Catherine en paria. Soit vous pensez que c'est au-dessus de vos forces, ce que je peux comprendre, mais vous ne serez jamais grands-parents. On lui dira, à ce bébé, que vous êtes morts, qu'il n'a pas de grands-parents maternels. Ça lui évitera bien des chagrins. Mais il faut que vous sachiez qu'aucune de nous ne viendra plus vous voir. Vous serez véritablement morts pour nous trois. Il n'y aura pas de différence. Pas de bons ou de mauvais enfants… de bonnes ou de mauvaises filles.

Maman s'écria :

— Mais comment oses-tu nous parler ainsi ?

Et elle s'enfuit dans sa chambre.

Papa grommela en se levant à son tour :

— Je t'en prie, Françoise, c'est déjà assez compliqué comme ça !

Je me retrouvai seule à table, soulagée et pas mécontente. Le lendemain, je reprenais le train. Vingt-quatre heures plus tard, maman appelait Catherine pour la première fois depuis six mois.

J'avais gagné ! Pas au point, tout de même, d'obtenir la présence de maman au moment de l'accouchement. À la réflexion, je m'aperçois qu'elle ne s'est jamais déplacée pour la naissance d'un de ses petits-enfants.

Lorsque j'ai été enceinte pour la première fois, à Bruxelles, je pensais qu'elle serait satisfaite. J'avais un « vrai » métier, un amoureux « sérieux » ! Je me considérais enfin « établie », je partageais la vie et la jolie maison d'un fils de la bourgeoisie belge.

De fait, sa première réaction, au téléphone, fut plutôt chaleureuse. Peu après, elle m'envoya un livre. Je n'en lus que la première page. L'auteur y décrivait une scène dans un zoo : une guenon qui dévore ses petits. J'ai jeté le livre… Et j'ai téléphoné à maman pour lui demander de ne surtout plus jamais m'adresser de cadeau. Elle s'est excusée, elle a affirmé qu'elle n'avait pas lu le livre, mais qu'on lui en avait dit le plus grand bien… Dont acte !

Trois mois plus tard, le bébé décida que ça allait bien comme ça et tira le rideau… Après, bien après, j'ai dû faire comme bien d'autres le long parcours de la PMA, procréation médicalement assistée, et de la FIV, fécondation in vitro.

Les médecins en parlaient comme d'une chose somme toute assez simple, une technique certes lourde, mais bien maîtrisée. On vous gave d'hormones comme un veau de concours des années soixante, puis on prélève plusieurs ovocytes – normalement, une femme n'en fabrique qu'un par cycle, mais grâce aux hormones, elle devient plus productive qu'un hamster… Ensuite, on présente ces ovocytes aux spermatozoïdes du monsieur : coup de foudre, fusion, etc. Trois jours après, vous avez un, deux, trois ou quatre embryons qui ont commencé à se scinder, de quatre cellules à huit, bientôt seize – c'est dire si le mot « embryon » convient, car on est encore très loin du bébé.

À ce stade, la future mère (car la malheureuse s'y croit déjà !) est « réimplantée » : le médecin lui montre dans une sorte de tube à essais trois vagues têtes d'épingle blanchâtres : les futurs bébés. Il le plonge là où vous imaginez : « Voilà, madame, c'est fait. Vous restez immobile pendant une heure et vous pourrez rentrer chez vous. »

L'heure qui suit est tout entière consacrée à la concentration votive – enfin, pour moi, c'était comme ça… Je parlais aux embryons, sans bouger un orteil, je me fendais d'une petite prière express : « Mon Dieu si vous existez, faites que ça marche ! » Je m'adressais aussi à tous les saints – et à sainte Rita, la patronne des causes perdues, on ne sait jamais… Puis je repartais.

Je mets au défi quiconque a vécu une telle expérience de marcher normalement. J'avançais comme un vieux cow-boy, les jambes arquées, les fesses serrées, en canard, pour ne pas risquer de les « perdre »… Essayez donc, avec ça, de mener une vie normale…

La première fois, on a foi en la science, on croit à sa chance, on se dit que ça va marcher. On obéit à la Faculté : on continue d'aller au travail, on ne change rien à son mode de vie.

La deuxième fois, on se rassure : « Je n'ai pas été raisonnable, je vais prendre deux jours et rester allongée, ça ne peut pas faire de mal… »

La troisième fois, on tente de tricher : « J'y pense trop. Je ne reste pas couchée. Je me détends : un petit film et un bon livre… »

La quatrième fois, on allume des cierges à l'église…

La cinquième fois, on commence à dérailler grave : « Si la dame au manteau vert traverse la rue maintenant, c'est que je suis enceinte… »

La sixième fois, on commence à haïr sérieusement son médecin, sa mère et son jules. Et on se surprend à lire pensivement les publicités pour Monsieur Babacar, mage et voyant…

La septième fois, on sait que c'est la dernière, et on s'efforce de rester concentrée sur son DÉSIR…

Vient le moment où le médecin vous dit : « Je ne comprends pas, c'est inexplicable… Peut-être faites-vous un blocage… »

Un blocage ! Moi ! Mais j'ai TOUT fait ! J'ai écarté les jambes aussi souvent qu'il le fallait, j'ai les fesses comme une pelote d'épingles, vu le nombre de piqûres dont elles ont été lardées, j'ai supporté une bonne quarantaine de prises de sang, j'ai boulotté suffisamment d'hormones pour m'engager dans le Tour de France ! Et on me dit que je fais un blocage !

Vous sombrez alors dans la mélancolie, et passez à trois séances hebdomadaires chez le psy.

On ne le proclame pas assez : la FIV tient du miracle inexpliqué – 80 % des femmes qui la tentent échouent ! Ce n'est pas rien, et on se sent moins seule, même si la culpabilité est toujours là.

Qu'on se le dise : les sexagénaires que l'on montre à la télé avec leur « bébé » pour des débats abscons du style « La fin du cycle naturel, un fait de société nouveau ? » font hurler les malheureuses qui, à trente ans, sont condamnées à la stérilité.

Non, non, non ! Il ne suffit pas, pour être enceinte, d'aller voir le plus talentueux des praticiens et de suivre le traitement *ad hoc*. Et qu'on ne me parle pas de ces « grands-mères » comme de pionnières : elles sont une exception absolue ! Ces garces qui arrivent à avoir un enfant, ELLES !

Bref, comme à beaucoup d'autres, personne ne put me dire pourquoi ces embryons ne voulaient pas se nicher, croître, grandir et embellir...

La science a ses limites que les médecins veulent ignorer.

Été 2001

Reconnaissance

Pendant six mois, je n'ai pas parlé à Catherine. Je crois que j'aurais été prête à une rupture plus longue encore, s'il n'y avait pas eu les enfants. Mais ma dispute avec Catherine avait, de fait, interrompu toute relation avec leurs cousines, et les garçons en étaient attristés.

Je ne sais pas si ma sœur mesure toujours la cruauté de certains de ses propos, et la violence de ses comportements. Ce qui est sûr, c'est que je me fais « cueillir » chaque fois…

C'était la première fois, tout de même, que l'enjeu était aussi clairement celui de la position de fille.

Cela s'est passé pendant les vacances d'été.

Louis réclamait sans cesse grand-père et grand-mère, aussi ai-je promis que nous irions les voir, avant ou après le séjour au Cap-Ferret. De son côté, Catherine a prévu de rester quelques jours dans le Gers avec ses filles.

Le début des congés approche, je pense quitter Paris plus tôt que prévu. J'envisage donc une escale rapide à Saint-Mont et je préviens papa au dernier moment.

Je sens, à sa voix, qu'il est fatigué et n'a guère envie de nous voir débarquer. Je le rassure.

— Nous ne dormirons pas à la maison, je dois aller voir un copain qui vient de racheter une propriété dans le Gers. Il veut me montrer ses vignes. Il m'invite avec les enfants, nous passerons juste pour vous embrasser…

— Bon, bon, d'accord. Donc, vous ne viendrez pas pour déjeuner ?

— Non, papa. Nous passerons dans l'après-midi, mais nous ne resterons pas.

Si l'on pouvait rattraper ses mots, j'annulerais la visite. On ne peut pas signifier plus clairement que notre venue est inopportune. Mais après tout, je me fous de ce que pensent mes parents : ce qui compte, c'est ce qui fait plaisir à mes enfants. Ils ont envie de voir leurs grands-parents, je ne veux pas les en priver…

Sur ces entrefaites, Catherine me téléphone.

— Il paraît que tu dois aller à Saint-Mont avec tes garçons… Je ne crois pas que ce soit une bonne idée. Papa et maman sont très fatigués…

Tu sais comment est papa… Il s'inquiète, il se fait tout un monde de votre venue…

— Je l'ai bien compris. Je te rassure, nous n'y resterons pas…

Elle insiste :

— Crois-moi, ils sont vraiment fatigués. Papa n'a pas osé te le dire, mais il a surtout besoin de calme…

— Mais qu'est-ce que tu es en train de m'expliquer ? Qu'ils sont malades et que je ne dois pas y aller ?

— Oui, c'est ça… Je ne suis pas sûre que papa ait envie de voir les garçons courir partout dans la maison.

— Écoute, Catherine, je n'ai pas besoin de toi pour savoir qu'ils sont fatigués et que maman est malade. Si tu penses qu'ils vont mourir, c'est au contraire le moment ou jamais d'aller les voir…

— Non, ce que je te dis, c'est que je pense que tu ne devrais pas y aller.

— Pardon ? Tu peux répéter ? Mais je rêve ! Et toi, tu n'y vas pas, peut-être ?

— C'est différent. D'abord je ne dormirai pas chez eux, mais chez des amis, ensuite mes filles sont plus grandes, et moins fatigantes…

— Mais moi non plus je ne dormirai pas chez eux ! Et puis, de quoi tu te mêles ? Je me fous de ton opinion, et je vais te dire mieux, je me fous de les fatiguer ! S'il ne tenait qu'à moi, je n'irais pas. J'y vais uniquement pour Louis et Paul.

— Je te répète que…

— Catherine, ça suffit ! Tu m'emmerdes. Je préfère ne pas te dire où je me mets tes avis… C'est tout de même un comble : ce n'est pas toi qui vas décider si j'ai le droit d'aller voir MES parents. Je te fais grâce de tes observations, alors lâche-moi, tu veux !

Je raccroche, tremblante de rage. Cette fois, elle va trop loin. Mais qu'est-ce qu'elle s'imagine ? Qu'est-ce que c'est que ce cirque ?

J'aurais admis sa réaction si elle m'avait dit qu'il ne fallait pas y aller parce que maman était trop décatie pour voir les enfants et qu'il fallait les épargner. Mais ce n'est pas ça. Non. Elle veut être la seule à leur rendre visite. La seule à être acceptée et reçue… Faut-il aussi qu'elle me vole les derniers moments avec eux ?

Nous y sommes allés quand même, à l'heure du thé. Bien sûr, papa a semblé content de nous voir. Maman n'a reconnu personne.

Dans le jardin, remarquant subitement les garçons en train de courir, elle demande, enjouée :

— Mais qui sont ces petites filles ?

— Ce ne sont pas des filles, maman, ce sont des garçons, ce sont mes fils, tes petits-enfants…

— Ah ! Vous avez des enfants ? Moi, je n'ai pas eu cette chance, je n'ai jamais eu d'enfants.

— Mais si, maman, tu as eu trois filles, je suis Françoise, la dernière…

Je devrais être atterrée par ce genre de réflexion, mais je crois que ça m'est égal. Ou je me plais à le croire. Chaque fois que je rapporte cette anecdote, je ne peux m'empêcher de rire…

Elle est déjà ailleurs, elle a oublié de quoi nous parlions, elle rentre et va s'asseoir dans le fauteuil près de la fenêtre, les yeux dans le vague.

Paul se vexe.

— Pourquoi elle dit que nous sommes des filles ?

— Elle ne sait pas ce qu'elle dit, mon chéri.

Louis s'inquiète.

— Mais elle ne sait pas qui tu es, maman ?

— Non, mon chéri, elle ne me reconnaît plus.

— Mais c'est possible, ça, maman, une maman qui ne sait plus qu'elle a des enfants ?

Je voudrais pouvoir lui dire : « Non, mon amour, c'est impossible, une maman qui ne reconnaît pas ses enfants… » Je voudrais pouvoir ajouter que ce malentendu-là, cette absence de reconnaissance date de bien plus tôt, de bien avant sa « maladie ».

C'est tout l'enjeu de cette farce familiale, de ces rivalités sans fin…

Heureusement que mes garçons me ramènent à la réalité, à leur réalité. C'est décidé : nous ne viendrons plus !

Je donne le signal du départ, quand Catherine arrive avec ses filles. Elle fait comme si de rien n'était, comme si nous n'avions pas eu de dispute à propos de cette visite.

— Oh, mais vous n'allez pas partir déjà ! J'ai apporté un gâteau.

— Merci bien, mais j'en ai apporté un aussi et nous venons de le manger… Allez, les enfants, on s'en va !

— Tu ne veux pas rester ? Je suis invitée, ce soir, à une fête. Accompagne-moi, les filles garderont tes garçons…

— Merci, j'ai d'autres engagements…

Glaciale…

Papa, comme d'habitude, fait semblant de rien. Il ne prend pas position, ne veut pas voir, ni comprendre. Je ne peux même pas le lui reprocher. Mais je retrouve quand même ce vieux sentiment d'injustice…

Régression, régression !

Pendant que je ramasse nos affaires, Catherine minaude avec les garçons.

Vite, la voiture, vite, partir, vite… Mettre la musique à fond dans la voiture et chanter à tue-tête : *Hit the road, Jack, and don't you come back no more, no more, no more... Hit the road, Jack, and don't you come back no more...*

L'ironie de l'histoire, c'est que, cette année, pour Noël, Catherine voulait absolument que nous nous retrouvions tous là-bas... J'ai fermement refusé.

— Non, merci, passer Noël à Saint-Mont est au-dessus de mes forces. D'ailleurs, nous sommes invités à Marrakech, les garçons et moi...

— Mais c'est sans doute le dernier Noël que nous passerons avec eux !

— TON dernier Noël, tu veux dire ! Le mien, ça fait longtemps qu'il est passé. Je te rappelle que seule Geneviève y est allée chaque année pour s'occuper d'eux.

— Mais ils seront si heureux de nous voir !

— Non, Catherine, ils ne seront pas heureux. Ils seront fatigués, débordés... Et puis, ce n'est pas un spectacle pour les enfants...

Elle a compris que j'étais inflexible, et je ne lui ai pas rappelé ses propos de l'été passé. Mais je suis restée perplexe. Comment peut-elle avoir un aplomb pareil, comment peut-elle penser que j'ai oublié ? Et pourquoi a-t-elle changé d'avis ?

Sans doute a-t-elle compris que je lui laissais le terrain. Pour ce qui reste d'enjeux...

Amère victoire...

Automne 2001

Maison

Ma copine Olympe me raconte une histoire vraie qui fait ma joie.

C'est un couple dont le mari a la maladie d'Alzheimer. Sa femme, à bout, finit par le placer dans un établissement spécialisé. Il y rencontre une vieille dame dans le même état que lui, avec laquelle il se découvre assez naturellement des atomes crochus… Aujourd'hui, il croit que c'est elle qui est sa femme, et quand son épouse légitime vient le voir, il lui demande qui elle est et ce qu'elle lui veut.

Il est heureux, cet homme, et pourtant sa femme dit que c'est terrible… Oui, ce doit être terrible pour elle, parce qu'elle le vit comme une trahison. Elle se sent trompée. Elle n'arrive pas à voir le bon côté des choses : il est soigné, heureux – et elle est libre…

Je raconte cette histoire à papa au téléphone, pour lui faire comprendre qu'un établissement spécialisé ne serait pas forcément une mauvaise chose pour maman. Il me répond : « Oui, oui… », mais je vois bien qu'il n'y croit pas. Pourtant, c'est la meilleure solution, pour elle et pour lui aussi…

Il se dit déprimé, fatigué… On le serait à moins. Mais pourquoi diable s'obstine-t-il à vouloir s'occuper de maman tout seul ? Pourquoi ne pas admettre qu'elle peut être aussi bien prise en charge en dehors de la maison ?

Je sais, moi, qu'elle serait mieux dans une structure appropriée. Et je le soupçonne de la garder parce qu'il croit pouvoir la contrôler…

1995-1998

Ma tribu

— Il est où, papa ?
— Il est dans sa maison.
— Et Catherine ?
— Chez elle.
— Et grand-père ?
— Il est à la campagne avec grand-mère.
— Et Paul ?
— Il dort dans sa chambre.

Mon fils connaît sa géographie familiale par cœur. L'ordre des questions ne varie guère. Il aime à situer ceux qui constituent sa galaxie affective et interviennent dans sa vie de petit garçon selon un ordre compliqué qu'il ne maîtrise pas. Moi-même, je n'y arrive pas toujours.

Mais aujourd'hui, c'est dimanche, et je n'échapperai pas aux questions de Louis, qui veut savoir où se trouve tout son petit monde, et tenter de le rassembler autour de lui.

Depuis que Catherine travaille essentiellement le week-end, c'est souvent chez moi que s'organise le camp de base et que se tient le repas dominical. Les enfants s'en accommodent plutôt bien. Trop contents de pouvoir déjeuner entre eux, d'avoir « leur » repas du dimanche.

Pour ma part, j'y retrouve aussi des rituels d'enfance, grâce auxquels je me rassure sur mon mode de vie et les angoisses qu'il implique. Le repas du dimanche fleure bon la vie de famille tranquille, la vie provinciale. Ainsi, je ne me suis mise à faire la cuisine qu'après la naissance des enfants.

Ça m'est venu comme ça : j'ai eu envie de me retrouver devant les fourneaux. Je ne fais pas de recettes élaborées, je cuisine à l'inspiration – et au souvenir des saveurs passées. Je pratique ainsi le canard à l'orange, le poulet au curry ou la dorade provençale… Moins des recettes que des réminiscences.

Me voilà donc convertie au cérémonial du dimanche, et plus encore – à tout ce qui peut nous réunir. Au fond, je suis comme Louis, j'aime bien avoir tout mon monde autour de moi, dans une maison pleine comme un œuf.

Pour les vacances, c'est la même chose. Je m'efforce toujours d'organiser, de planifier au mieux, pour que rien ne manque. Évidemment, il faut que ce soit un sans-faute ; évidemment, il faut que je sois une mère parfaite… Mais passer sans transition du registre *executive woman* à celui de « mère courage » demande une énergie et un savoir-faire hors pair… Et régulièrement, je me plante.

Un été, j'ai commis la folie de vouloir emmener tous les enfants dans la maison du Cap-Ferret, parce que ce sont des vacances comme on en rêve tous, parce que je crois toujours pouvoir tout réussir toute seule !

Bien sûr, le coin semble fait pour eux. La chance, le hasard et une rentrée d'argent inattendue m'ont permis d'acquérir, il y a une dizaine ans, une bicoque en bois nichée au cœur d'un îlot ancien, un petit quartier de constructions semblables. Elle est fatiguée, un peu délabrée, mais elle arbore encore fièrement sa flèche au-dessus du linteau du toit. Et le vieux prunier du jardin courbe ses branches sur les filets de pêche qui entourent la maison.

Le confort y est plus que sommaire : pas d'eau courante à l'intérieur – c'est le vieux lavoir dans le jardin qui fait office d'évier et de lavabo. Les enfants ne s'en plaignent pas. Prendre le bain dehors dans la vieille baignoire en zinc de notre petite enfance que j'ai récupérée dans le grenier leur paraît le comble du bonheur et du raffinement. J'ai souvent eu le sentiment que cette maison avait une âme et que ça lui plaisait de nous voir débarquer en tribu... Parfois même je lui parle... Je crois qu'elle nous accueille à sa façon et que c'est à nous de nous plier à son rythme, à son mode.

J'y retrouve la définition de Gaston Bachelard : « La maison d'enfance est plus qu'un corps de logis, c'est un corps de songes... »

J'avais tout de même sous-estimé la difficulté : je suis partie seule.

Les garçons étaient déjà sur place depuis le début des vacances, choyés par Lina, ma délicieuse vieille copine – elle a soixante-dix-huit ans –, qui accepte de jouer les grands-mères au pair, tant elle aime les enfants. Je descendais pour ma part avec les filles de Catherine, trop contentes de passer quelques semaines avec leurs cousins. Tout de suite, les enfants se sont organisés : partage des lits superposés, répartition des places à table, tour de la plage, repérage des copains du voisinage...

C'était délicieux, et nous étions tous enchantés. Seulement, voilà, Lina a dû rentrer à Bordeaux. Impossible de dénicher une jeune fille au pair, ou même une femme de ménage. Et donc, je me suis retrouvée avec quatre enfants à gérer...

Trois jours plus tard, j'étais morte. J'avais l'impression de ne pas avoir fermé l'œil une seule minute.

Tous les matins, lever à six heures pour le biberon de Paul, suivi par le rituel du marché, où il faut s'efforcer de ne pas disperser la troupe ni de hurler (nous sommes au Ferret, que diable ! On sait se tenir...), puis le repas de midi, la vaisselle et le rangement pendant la sieste de Paul.

Dans l'après-midi, nous partons tous ensemble pour la plage, mais il m'est impossible de me baigner : Paul proteste à voix haute dès que je m'éloigne de la serviette. Louis, lui, hurle parce qu'il a peur d'un crabe.

J'ai ainsi passé une bonne partie du temps à courir comme une aliénée, de ma serviette au bord de l'eau, et vice versa, selon que les pleurs de l'un l'emportaient sur les peurs de l'autre.

Retour à la maison et bain, le dos cassé, courbée en deux sur la bassine... Nouveau repas, nouvelle vaisselle, inévitable dispute des enfants à propos de rien, et voilà la journée finie... Ou presque, puisque je retrouve une vieille ennemie, l'insomnie, qui me guette souvent, surtout quand je suis épuisée.

Ajoutez à cela le linge qu'il faut porter à la laverie automatique, faute de lave-linge, la maison qu'il faut un tant soit peu nettoyer et ranger en fin de journée – les enfants mettent du sable partout et je retrouve une pelle jusque dans mon lit…

J'ai cru que je n'y survivrais pas… J'ai eu une pensée émue pour nos mères et nos grands-mères qui faisaient cela toute l'année, avec souvent, en outre, le travail au jardin…

N'importe, les enfants, eux, étaient ravis. J'ai vécu à leur rythme, et nous avons tout partagé. Gaëlle a joué à la grande sœur, au chef de troupe, avec un enthousiasme constant. Du coup, elle a gagné le droit de se coucher plus tard, de partager avec moi ces moments d'intimité que l'on savoure lorsque la maisonnée est endormie.

Un soir où nous regardions à la télévision *Cartouche*, le film de Philippe de Broca, elle m'interroge :

— Mais il a vraiment existé ?

— Oui, chérie, c'est un personnage historique.

— Mais ça n'est pas vraiment lui ?

— Non, chérie, c'est Jean-Paul Belmondo, un acteur, qui joue son rôle.

Elle se tait, pensive, réfléchissant sur le vrai et le faux.

— Mais ce qu'on voit, là, c'est Paris ?

— Oui, chérie, enfin, c'est Paris à l'époque, ce sont des décors reconstitués.

— Mais Paris, c'était comme ça pour de vrai ?

— Oui, bien sûr.

Et puis, à l'issue d'une scène où marquises et duchesses dansent le menuet, elle finit par me demander :

— Mais c'était comme ça quand tu étais petite ?

J'ai tellement ri, mais ri ! qu'elle a fini par rire aussi.

— Non, chérie, je suis beaucoup plus vieille que toi, mais tu sais, je n'ai jamais porté de robes à panier ! Quand je suis née, il y avait déjà le téléphone et la télévision…

Il m'est revenu en mémoire ces premières interrogations de l'enfance où l'on recherche les repères du temps qui passe. Maintenant, nous jouons souvent, Gaëlle et moi, en regardant les images de la télévision, à les intégrer dans le roman familial : « Ça, c'est quand grand-père était petit. Là, c'est l'époque où ta mère et moi nous sommes nées. Tu vois, c'était comme ça quand grand-père et grand-mère se sont mariés… »

Rien ne l'enchante plus que de deviner avant moi, de resituer chacun des êtres qu'elle connaît dans son époque. Premières approches de la métaphysique...

Flanquées chacune de deux enfants à temps plein et de papas à temps partiel, Catherine et moi avons connu à plusieurs reprises la tentation de revivre ensemble. Comme pour nous ressourcer, retrouver la légèreté de la vie, nous avons parfois reconstitué notre « joli couple ».

Il y a toujours, entre nous, une complicité, une connivence du regard, et surtout un vrai plaisir à partager, à aimer, à rire ensemble. Ah ! le bonheur savouré d'avance, le rire intérieur qui fait frissonner, à la simple idée de se dire : « Dès qu'elle aura vu ou compris ce qui me fait rire, elle va exploser... » Un clin d'œil, une grimace rituelle, un mot de code, un rien suffit à nous mettre sur la piste de l'autre. Ensuite, il ne reste qu'à épier la montée du fou rire, et à tenter à son tour d'y résister...

J'ai souvent entraîné Catherine pour des sorties « entre nous » : soirée privée au musée pour découvrir l'architecture italienne de Brunelleschi à Bramante, représentation exceptionnelle de *Cosi fan tutte* à l'Opéra... Combien d'invitations ai-je acceptées pour être ensemble, des invitations « avec conjoint », où je précisais que je viendrais de préférence avec ma sœur, « si ça ne pose pas de problème, bien sûr… »

Pour convaincre Catherine, il suffit d'annoncer le programme : « Que dirais-tu d'un week-end à Madrid, juste pour voir les Velœzquez au Prado et le musée Thyssen ? Une visite privée, ma chère, nous serons traitées comme des reines ! » En fait, ces voyages n'avaient de sens que parce qu'elle était là, parce que je savais qu'avec elle, grâce à elle, le séjour ne serait que rire et plaisir gourmand. Et nous nous régalions à l'avance du bonheur d'être ensemble, de partager ces moments-là, de jouer aux enfants gâtés. Et gâtées nous l'étions, à savourer chaque instant.

Je crois que le meilleur moment fut justement Madrid. Libres, sans enfants, nous avons profité de tout, comme si nous faisions l'école buissonnière. Au Ritz, où nous étions logées, c'était déjà la fête, corbeille de fruits et champagne dans la chambre… Nous n'échappâmes pas au dîner chic où nous avons joué les jeunes filles plus ou moins sages. Mais au musée, nous étions libres. Catherine refusa le guide qu'on nous proposait : « Je l'ai entendue commenter un tableau, cette femme ne dit que des bêtises, elle ne connaît rien à la peinture ! »

Alors, ce fut elle qui me pilota. Elle choisissait les salles qu'il fallait « absolument voir », celles où l'on pouvait passer plus vite, « parce qu'on ne peut pas tout voir et qu'il ne sert à rien de s'encombrer la mémoire ». Mais devant les Goya, oui, nous avons traîné. Comme devant la peinture italienne du quattrocento… C'est elle qui m'expliquait la Renaissance, la découverte de la perspective, sous l'influence des architectes, l'évolution de la couleur, des sujets, la profondeur du tableau…

Je suis toujours ébahie par l'ampleur de sa culture, son goût pour la découverte.

Nous avons flâné sur la Puerta del Sol, bu un bouillon dans une « épicerie fine » bondée… Et ri, mais ri ! De tout, comme des collégiennes, parce que nous croisions un hidalgo dragueur, parce que nous n'arrivions pas à trouver le nom des « tapas » et avions commandé à la place une sucrerie à l'aspect suspect…

— Arrête de rire ! Nous serons ridées comme des pommes, et en plus, ton rimmel va couler…

Mais elle est trop bon public, trop contente de mes pitreries, et j'aime trop quand elle se marre… Nous sommes donc rentrées fourbues d'avoir trop ri, enchantées l'une de l'autre, jurant que l'on recommencerait dès que possible.

Nous ne sommes pas parties depuis bien longtemps… Parfois, ça me manque.

Février 2002

Qui es-tu ?

Pourquoi faut-il que je singe cette vie familiale dont je vois bien qu'elle part en lambeaux ?

Est-ce si difficile à admettre que nous ne sommes pas une « vraie famille » ? Dans quel genre de famille laisse-t-on une mère sans soins appropriés ? Quel genre de fille suis-je donc pour ne pas être allée les voir depuis plus d'un an ?

Je sais bien qu'Elle va mourir et que je regretterai de lui avoir « manqué », même si elle ne sait plus qui je suis. Et si je m'efforce de jouer à la mère de famille parfaite, n'est-ce pas pour compenser mes carences – ma faute ?

Est-il possible de devenir indifférente au sort de sa propre mère ? Qui est monstrueuse ? Ma mère qui ne sait plus qui elle est ? Ou moi qui ne veux plus la voir ?

Catherine affirme que maman la reconnaît. Je pense que c'est faux. Je ne sais si elle le dit pour me faire enrager (« Tu vois, moi, elle ne m'a pas oubliée ») ou pour se rassurer. Mais peut-être est-ce tout simplement la vérité. Elle reconnaît Catherine, et pas moi…

Geneviève m'a téléphoné, bouleversée : en rangeant du courrier, elle a trouvé une vieille lettre, une lettre qu'elle avait reçue adolescente et dont elle avait oublié jusqu'à l'existence. Ce qui l'a troublé, c'est que, sur l'enveloppe, elle a découvert une mention manuscrite. Il y est écrit : « Elle va mourir. » Geneviève est formelle. C'est, dit-elle, l'écriture de maman. Je ne comprends pas.

— Tu veux dire que tu as découvert un message subliminal ? Du genre signe du destin ?

— Je ne sais pas, mais j'ai été… comment dire… saisie en voyant ça. Tu comprends, comme si elle s'adressait à moi… Oui, une sorte de signe !

— Mais cette phrase, elle a été écrite il y a vingt ou trente ans !

— Évidemment, mais c'est maintenant seulement que je la découvre ! Écoute, j'ai pensé que tu étais la seule à qui je pouvais dire ça ! Je t'en prie, ne rigole pas !

— Non, non, je comprends que tu sois troublée. Comment tu interprètes ça, franchement ?

— Je ne sais pas. Il m'a semblé en lisant cette phrase, écrite de sa main, qu'elle était en train de me dire qu'elle allait mourir.

— Mais Geneviève, elle *va* mourir ! Et puis cette phrase ne la concernait pas. Elle parlait sûrement de quelqu'un d'autre. C'était peut-être un bout de papier qui traînait sur le bureau. Elle notait peut-être une conversation avec le vétérinaire à propos de la chatte…

— Bien sûr, tu as raison – mais avoue que c'est étrange de trouver ça maintenant…

— J'avoue. Peut-être faut-il que tu ailles la voir, si ça peut te rassurer… Mais je ne crois pas trop aux signes, aux messages surnaturels…

Je crois surtout que nous sommes toutes près de dérailler.

Finalement, c'est moi qui ai pris le train ce matin. Je ne pouvais pas reculer plus longtemps. J'ai pensé que si je ratais ce dernier rendez-vous, je ne me le pardonnerais pas.

Une fois la décision prise, j'ai failli renoncer. J'avais pensé que je pourrais rester dormir. Mais la perspective était trop effrayante. J'ai craint les cauchemars d'une nuit sans sommeil. J'ai eu mal au ventre, envie de vomir. J'ai opté pour le plus facile : l'aller-retour dans la journée. J'ai appelé papa pour lui dire que je m'invitais à déjeuner.

En sortant de la gare, je me dis que je pourrais acheter un appareil photo pour faire un dernier cliché de nous trois, pour les prendre tous les deux. Je vais chercher la voiture de location au parking en pensant qu'avec un peu de chance j'arriverai à temps pour aller au marché, avant midi.

Il fait beau, la campagne sent le printemps. Tout est si familier, si proche... Pourquoi diable ai-je eu si peur de venir ? Tout va très bien se passer...

Arrivée au bout de l'allée, je me gare sous les arbres, devant la maison.

En poussant la grille du jardin, je remarque que papa a fait couper tous les rosiers et la vigne vierge qui s'entrelaçaient sur la façade. La maison semble nue ainsi. Il a aussi fait tailler les arbres, et le jardin a quelque chose de désolé. Mais ça n'a pas grande importance. Ce qui compte, c'est que je suis là, et plutôt contente de les voir.

J'ouvre la porte en criant :

— Coucou ! C'est moi ! Papa ! Maman !

Papa s'avance vers moi, souriant, plutôt élégant avec son gilet de laine camel.

— Ah ! ma chérie, te voilà !

Je l'embrasse.

— Tu as fait bon voyage ?

— Oui, oui, ce n'est pas très long.

Je respire son odeur familière d'eau de Cologne. Il a l'air en forme, moins fatigué que je ne l'aurais cru.

Je devine, plus que je ne vois, la silhouette de maman, qui ne dit rien, derrière lui. C'est en la voyant debout, là, dans le hall, que je comprends que c'est trop tard. Elle ne me reconnaît pas, bien sûr, mais le plus douloureux, c'est que moi non plus je ne la reconnais pas.

Ce n'est pas Elle qui est devant moi. C'est une vieille dame inconnue qui me regarde en souriant, d'un air craintif, et qui ressemble un peu à ma propre grand-mère, la mère de maman. Une vieille femme toute ridée, toute petite, toute maigre. On dirait qu'elle a été réduite, comme un crâne jivaro. Qu'elle est passée à la machine. Qu'elle a rétréci.

Ce visage décharné, ratatiné, où même la vivacité du regard a disparu… Dans ses yeux, je vois la crainte, la soumission, la peur de déplaire… Des yeux de chien battu, les yeux des animaux abandonnés dans les refuges de la SPA… J'y lis aussi la surprise, l'interrogation. Peut-être que nous nous connaissons… Mais il y a aussi l'effroi d'être perdue, de ne connaître personne.

Oh, maman, maman ! Où es-tu ?

Elle s'approche et me dit :

— Mais que vous êtes mignonne ! Ah oui, ah ça ! Eh oui, eh oui…

Le regard divague déjà ailleurs. Elle frotte ses mains sur le devant de sa jupe de manière insistante, obsessionnelle, comme si elle essayait d'en lisser le tissu.

Elle est si petite… On dirait un bébé. Je lui caresse la tête, je prends son visage entre mes mains.

— Mais toi aussi, tu es très mignonne !

— Oh, c'est vrai ?

Son regard s'illumine comme celui d'un enfant à qui on vient de faire un compliment. Ses yeux se fixent à nouveau sur moi. Elle attend. Je répète :

— Tu es très mignonne et je suis contente de te voir, maman.

— Mais qui es-tu ? Tu es mignonne, tu sais.

Ses yeux brillent.

— Je suis ta fille, maman, ton enfant.

— Oh !

Elle me regarde comme si je venais de dire une incongruité. Je vois bien qu'elle ne me croit pas. Je répète :

— Oui, je suis ta fille. C'est toi qui m'as faite.

Elle sourit.

— Ça te fait plaisir ?

— Oh ! Ça oui ! Alors, tu es la fille ?

— Oui, je suis ta fille, maman, Françoise !

— Ah ! c'est ça, tu es la fille…

Elle m'observe d'un air dubitatif.

— Tu as quel âge ?

Je lui retourne la question :

— Et toi, tu as quel âge ?

— Oh moi, j'ai quinze ans ! Ma maman m'a dit : « Attends là ! » Alors j'attends…

Elle repart, perdue, s'obstinant à lisser sa jupe. Comme une petite fille qui ne veut pas se faire gronder.

Je ne sais pas si elle souffre. Je ne peux pas croire qu'elle ne souffre pas. Elle est forcément malheureuse, puisqu'elle est seule, d'une solitude absolue – puisqu'elle ne connaît personne.

Geneviève, que j'appelle au téléphone, me dit :

— Mais elle ne s'en rend pas compte ! Elle oublie au fur et à mesure ! Elle a dépassé le seuil de la souffrance psychologique. Elle ne se connaît plus.

— Sans doute… Mais même si ce ne sont que quelques instants de désespoir ou d'angoisse, même si ça ne dure pas, ça lui arrive en permanence, tout le temps. Bout à bout, ça fait une vraie souffrance… Bien sûr qu'on peut le prendre à la légère, le tourner en dérision.

Évidemment, c'est « l'infini à la portée des caniches », comme dirait l'autre… Mais moi, je suis persuadée que c'est une souffrance. Geneviève, elle est seule au monde ! Absolument, totalement seule ! C'est une enfant abandonnée… C'est une petite fille qui attend sa mère…

Bizarrement, je ne suis pas triste. Je crois que je suis trop déroutée. Stupéfaite. Je ne m'attendais pas à un tel changement physique. Du coup, c'est presque plus facile : j'ai en face de moi quelqu'un d'autre, quelqu'un qui n'est pas ma mère, mais un tout petit enfant… Un très vieux tout petit enfant. Instinctivement, je la considère comme un tiers, une autre que ma mère.

Je retrouve naturellement le geste qui calme, qui apaise… J'ai surtout envie de la consoler, de la rassurer, de lui prendre la main, de lui caresser les cheveux, de l'écouter…

C'est une maladie étrange. On croit que ça va ressembler au gâtisme, on croit qu'on retrouvera la même personne diminuée, mais ce n'est pas ça… Non.

J'ai déjà vu des vieux gâteux. Je me rappelle le pépé de la ferme d'à côté, qui ne bougeait plus de son coin de cheminée. Certes, ils étaient vieux, parcheminés, diminués… Mais il restait quelque chose d'eux.

La maladie a dévoré maman, et il ne reste plus rien d'elle.

Le plus déroutant, c'est sa voix. Seule la voix est intacte, et les intonations… Mais si je fais abstraction de la voix, ce n'est pas aussi difficile que je l'avais imaginé.

Je vais au marché comme je me l'étais promis pour acheter des œufs, un poulet que je pourrai rapporter à Paris… Je m'arrête aussi à la pâtisserie, parce qu'elle a toujours été très gourmande.

De retour à la maison, je pose le paquet sur le comptoir de la cuisine. J'ai à peine eu le temps de disposer les gâteaux sur une assiette qu'elle y a déjà mis le doigt. Elle se lèche l'index en disant :

— Oh, mais que c'est bon… C'est très bon !

Elle ne sait pas ce que c'est, mais ça lui plaît. Et puis, comme elle me voit sortir du réfrigérateur de quoi préparer le déjeuner, elle dit :

— Mais je n'ai rien prévu, je n'ai pas…

La phrase est restée en l'air. Mais pendant un bref instant elle a compris, elle a eu un réflexe cohérent…

Papa me lance :

— Mais pourquoi as-tu acheté des gâteaux ?

Il a l'air contrarié.

— Si elle a envie d'en manger, si c'est la seule chose qui lui fasse plaisir… pourquoi la priver ?

— Elle ne va pas en manger tout le temps, quand même !

— Qu'est-ce que ça peut faire ? Elle ne craint plus rien pour sa ligne… Tu as peur qu'elle se rende malade ?

— Oui, aussi…

Mais à voir sa mine, je comprends que ce n'est pas la question. C'est… inhabituel. C'est une dérogation à la règle qu'il s'efforce de maintenir, vaille que vaille… Comme s'ils étaient encore un vieux couple qui vit normalement. *It's illogical, Captain !…*

Il n'y a pas de raison d'acheter des pâtisseries autre que celle du plaisir partagé… Mais chez nous, justement, on ne se fait pas plaisir… Le plaisir, la douceur… Ça fait presque partie des interdits… On s'y laisse aller par inadvertance, brièvement… Honteusement ? Je ne sais pas comment le dire…

— Pourquoi vouloir lui infliger un régime normal… Elle qui n'est plus dans la normalité…

Sans doute papa essaie-t-il de se rassurer de la sorte… Il fait comme si de rien n'était. Il applique la vieille règle qui a régi toute sa vie.

Faire semblant…

Olympe m'a demandé, un jour, si ma mère avait eu un scanner. Si on était sûr qu'il ne s'agissait pas d'une tumeur cérébrale... En vérité, je ne sais pas.

— À ma connaissance, elle n'a jamais passé de scanner...

— Tu es sûre ? Mais comment vous savez...

— Mais justement, on ne sait pas...

— Mais...

— Tu ne peux pas comprendre.

Je sens l'incrédulité dans le silence de mon interlocutrice. C'est vrai, ça ! Comment est-ce possible ? Ne pas savoir, ne pas même avoir de diagnostic...

Nous sommes une famille cruelle, une famille bestiale, qui dévore ses enfants et dont les enfants, à leur tour, dévorent les parents... Pas de place pour la compassion. Ou peut-être sommes-nous collectivement trop faibles, trop misérables, affectivement, pour être capables de nous soutenir les uns les autres.

Au moment de passer à table, nous prenons nos places habituelles : maman s'assied en face de moi, dos à la fenêtre, papa au bout, comme toujours. Elle me regarde. Elle semble happée par mon visage, en pleine lumière, et elle me dévisage. Elle a de nouveau cet air étonné, ce regard interrogateur, ce regard de doux dingue.

Elle répète :

— Mais que tu es mignonne !

Je lui passe son assiette dans laquelle papa vient de couper sa viande. Elle tripote ses couverts et finalement se met à manger avec les doigts.

Je lui montre la fourchette.

— Tu sais ce que c'est ?

Non, elle ne sait pas, elle ne sait plus. Je lui donne une cuillère.

— Tiens, mange avec ça. Toi aussi, tu vas être mignonne, tu vas finir ton assiette, et après tu auras ton dessert.

Elle me répond :

— Oui, maman.

Je sens papa tressaillir. Il lui dit sèchement :

— Ta mère est morte !

Elle le regarde, interloquée, l'air désespéré.

— Oh non ! Ce n'est pas vrai !

— Si ! Ta mère est morte, ton père est mort, ma mère est morte…

J'interviens :

— Laisse-la ! Tu lui fais de la peine pour rien. Ça n'a aucune importance…

Mais il est lancé.

— … mon père est mort, ils sont tous au cimetière du village où nous irons aussi bientôt !

Elle le regarde et esquisse un mouvement pour se lever.

— Ah bon ! On va se promener ?

— Non, maman, reste assise…

J'essaie de retrouver un peu de légèreté.

— C'est comme dans la chanson *Ay ! –ay ! –ay ! –ay !, –canta y no llores !* Et tu te rappelles, maman : *Porque cantando se alegran, cielito lindo, los corazones.*

Elle enchaîne d'une voix haut perchée :

— *Ay ! –ay ! –ay ! –ay !, –canta y no llores.*

Elle chante juste, elle a retrouvé la musique et les paroles.

Je poursuis dans sa langue maternelle :

— *Ay, que préciosa !* (Oh, que tu es gentille !)

Elle me sourit.

— *Y tu que guapa !* (Et toi que tu es jolie !)

Papa, subitement, se cache les yeux et dit dans un sanglot :

— Quand je pense à ce qu'était ta mère…

Il pleure. Et voilà que moi aussi je pleure. Je pleure sur la disparition de ma mère, je pleure sur son chagrin à lui, je pleure sur moi…

Elle nous regarde sans comprendre. Je me ressaisis et je lui souris.

Elle me montre son verre d'eau et me dit :

— Et c'est quoi, ça, là ?

— C'est ton verre. Tu as soif ? Tu veux boire…

Mes larmes coulent, et je n'arrive pas à m'arrêter. Elle m'observe.

— On dirait que vous pleurez…

Je la regarde à travers mes larmes. Parfois, il me semble qu'elle fait un effort immense pour rassembler ses esprits, comprendre ce qui se passe, dire quelque chose de cohérent. Elle est tendue, extrêmement concentrée.

Le plus triste, le plus désolant, c'est de constater qu'il lui reste cette étincelle d'intelligence dont elle essaie de se servir… Comme un accidenté de la vie, comme un paralytique qui tenterait de se lever de son fauteuil pour marcher. L'effort dure quelques secondes, puis elle retombe dans le néant.

Elle tend la main vers le verre d'eau, hésite, change d'avis, prend le bocal en verre du pâté de foie et le porte à sa bouche comme pour boire !

Papa relève la tête.

— Mais qu'est-ce que tu fais ? Pose ça !

J'éclate de rire.

— Maman, tu es en train de boire le pâté. L'eau, c'est dans l'autre verre !

Elle sourit, gentille, pas contrariante, pas contrariée…

— Ah bon ! C'est ça, oui, c'est ça…

L'étincelle s'est éteinte.

Mars 2002

Olympe me raconte que, chez elle, à Chypre, lorsque les vieux commencent à ramasser tout ce qui traîne, on dit qu'ils vont mourir. C'est un signe avant-coureur… De même pour les grands malades dans leur lit : quand ils se mettent à tirer le drap sur eux, c'est qu'ils approchent de l'agonie.

Maman, elle, ne ramasse pas, elle éparpille.

Et c'est nous qui sommes pulvérisés.

Mars 2002

Je crois que maman n'aurait pas été plus mal soignée si elle avait été une vieille Africaine habitant le fin fond du Mali. Non, j'exagère ! Au fin fond du Mali, on prend mieux en charge les « dingueries » des ancêtres.

Elle a donc été soignée aussi mal que possible, compte tenu de son milieu et des moyens actuels…

Aurait-elle pu être guérie ? Bien sûr que non. Mais aurait-on pu enrayer la maladie, la retarder ? Je ne sais pas.

Papa m'a demandé d'où venait cette maladie, comment elle avait pu attraper ça.

Je ne m'étais jamais posé la question en ces termes, mais, surtout, je ne pensais pas qu'il se la posait. Est-ce pour soulager ses doutes qu'il en parle comme d'un accident…

Je ne sais pas si elle a attrapé un Alzheimer, mais Alzheimer nous a tous rattrapés…

21 mai 2003

J'étais seule à la maison ce jour-là. Mon téléphone portable a sonné. C'était la voix de Geneviève :

— C'est fini, elle est partie… Maman vient de mourir.

Étrangement, je ne ressentais rien. Je me suis entendue lui demander :

— Quand est-ce arrivé ?

— Il y a quelques instants. Je te passe le docteur.

Je n'ai pas reconnu la voix du médecin de famille. Peut-être parce qu'il parlait doucement ou parce que les larmes coulaient sur mes joues. Les larmes peuvent-elles empêcher d'entendre ?

— Elle n'a pas souffert… Ils étaient à table… une fausse route. Oui, c'est le cœur qui a lâché, c'est allé très vite. Quand je suis arrivé, c'était déjà fini.

C'est moi qui me charge de prévenir Catherine. Elle a eu une sorte de hoquet, comme si elle manquait d'air.

— Qui t'a prévenue ?

Et sans me laisser le temps de répondre.

— J'y vais, je prends le prochain train.

Je suis assise sur le canapé blanc du salon, face aux grandes baies vitrées. Je n'entends que le silence. Je vois « les nuages, là-bas, les merveilleux nuages… » Et puis cette boule qui monte et se noue dans ma gorge, je crois que je ne pleure plus, mais je suis prise d'une crise d'éternuements, comme une réaction allergique. Une envie de vomir que je n'arrive pas à contrôler.

Est-ce cela le chagrin ? Doit-on être prise d'éternuements à l'annonce de la mort de sa mère ?

Maman est morte, seul mon corps semble avoir assimilé cette information, mon cerveau est bloqué en pilotage automatique. Je me raccroche à mon emploi du temps surchargé : est-ce que je peux moi aussi partir aujourd'hui ? Il ne me vient en tête que mes « obligations professionnelles », comme si rien n'était plus important que le travail. Et puis j'entends une clé dans la serrure, ce sont mes enfants qui rentrent pour déjeuner, raccompagnés par leur père. Mon fils aîné me regarde attentivement.

21 mai 2003

— Ça va ?

— Grand-mère est morte.

Louis éclate en sanglots en se jetant dans mes bras, et étrangement, c'est le plus jeune, Paul, qui me caresse les cheveux en me disant : « Ma pauvre maman. » Nous pleurons tous les trois serrés les uns contre les autres et il me semble que les douleurs d'hier et d'aujourd'hui, les chagrins que je croyais passés, au lieu de s'adoucir avec le temps, s'amalgamaient pour revenir avec une force décuplée. Mes fils s'en inquiètent.

— T'es triste, maman, tu vas encore pleurer beaucoup ? »

— Est-ce que tu peux arrêter un peu, maman, j'ai trop peur quand tu pleures.

En fin de journée, je prends le dernier train avec mes garçons et les filles de Catherine. Il me semble que c'est moins difficile escortée de ces enfants subitement si sages. À Saint-Mont, je retrouve Geneviève et Catherine. Les enfants sont partis cavalcader dans les chambres à l'étage, rassurés et soulagés de retrouver leurs marques, leurs trésors de vacances. Ça ne me dérange pas qu'ils fassent du bruit, mais j'espère que papa ne les entendra pas.

Geneviève s'est occupée de tout, de l'avis de décès au choix de l'épître de la messe.

— Je voudrais pouvoir dire quelques mots sur maman, suggère Catherine.

— Moi aussi, si c'est possible.

— Très bien dit Geneviève, il suffit de demander au prêtre.

Pour une fois, nous sommes d'accord sur tout, pas l'ombre d'une discussion. Geneviève retrouve naturellement son rôle de fille aînée qui prend en charge et organise. Catherine, engloutie dans le chagrin, émet des suggestions d'une petite voix cassée. Et je me laisse porter par ce moment de paix familiale. Je suis fatiguée, j'ai besoin d'aller m'isoler. J'ai choisi d'aller dormir à l'auberge du village. Catherine me demande :

— Tu es sûre de vouloir y aller ?

— Oui, je préfère.

Comment expliquer que je ne peux pas dormir dans la maison où repose le cadavre de ma mère ? Comment lui dire que je trouve cette proximité insupportable ?

J'ai dormi d'un sommeil sans rêve, mais je crois avoir répété une partie de la nuit ce que je voulais dire aux funérailles de maman. Geneviève est passée nous chercher ce matin à l'auberge. Les enfants jouent dans le jardin autour de la vieille balançoire ; dans la cuisine, Catherine finit son petit-déjeuner.

21 mai 2003

Devant la porte, assis dans un fauteuil d'osier, sous la treille qui ombrage la terrasse, papa lit le journal, cherchant déjà l'annonce dans le tas que Mathilde vient de déposer devant lui. Il est temps pour moi d'aller *la* voir.

Je vais couper une rose dans le massif devant la maison et pousse doucement la porte de sa chambre. Il fait sombre, les volets sont tirés. Je distingue plus que je ne vois son corps étendu. À son chevet brûle un cierge, elle a les mains posées à plat sur la poitrine, un drap recouvre son corps jusqu'à la taille.

Je m'approche ; je n'ose pas la regarder ; j'ai peur de ne pouvoir oublier cette image, le masque de la mort sur son visage. Faut-il la toucher ? Oui, sans doute, pour que mon cerveau réalise, que mon cœur comprenne. Mais je ne ressens que de la crainte et de l'hébétude. J'effleure sa main, froide, trop glacée… Je tressaille et recule vivement. Puis je me ressaisis et dépose sur ses mains la rose que j'ai cueillie.

J'essaie de prier, de me recueillir, mais je suis trop mal à l'aise. La crudité de ce corps mort me dérange plus que ne me fait souffrir son décès.

Je m'apprête à sortir quand Catherine rentre à son tour. Elle passe devant moi comme un spectre, ne dit rien, va caresser le front de maman. Elle ne pleure pas, mais respire bizarrement comme si elle manquait d'air, avec des sortes de râles, des hoquets de noyée.

Elle semble dans un état second, elle me fait presque peur. Je lui prends la main et chuchote :

— Viens, Catherine, ne reste pas là.

Je la tire vers la porte. C'est de la voir dans cet état second où la plonge la douleur qui me fait pleurer. Elle finit par me suivre.

Dans le salon, le reste de la famille commence à se rassembler. Geneviève prépare le repas, Anne met le couvert, les cousins sont contents de se retrouver tous ensemble.

C'est étrange tout ce soleil, cette ambiance de vacances, ces gestes ordinaires de la vie que nous faisons sans nous forcer, en passant des larmes aux rires. À nous voir ainsi réunis, heureux de nous retrouver, on pourrait croire à une fête de famille, non à un enterrement. Et puis, sans raison, le silence retombe.

Papa passe la main sur ses yeux et dit dans un sanglot :

— Ma chérie, ma chérie… Il ne me reste plus qu'à la rejoindre.

23 mai 2003

La maison est pleine de monde.

La famille au grand complet, le premier cercle des fidèles : les amis enseignants, les anciens de la Résistance, certains sont venus de Paris, d'autres de Bordeaux. Il fait une chaleur écrasante. Trente degrés à l'ombre. Il faudra prévoir quelque chose pour protéger papa du soleil au cimetière.

Le corbillard des pompes funèbres vient se garer devant l'entrée ; ils sont cinq à porter le cercueil. Nous attendons tous dans la grande salle avant la mise en bière, le dernier adieu.

Puis papa, mes sœurs et moi pénétrons tous les quatre dans la chambre ; le cercueil repose sur des tréteaux, je reste un peu en retrait, nous pleurons en silence. Papa sort, soutenu par Geneviève. C'est au tour des amis de venir se recueillir. Et c'est moi qui ouvre et referme la porte de la pièce où elle repose. Je n'ai pas très envie d'assister à tant de manifestations de chagrin.

Il est temps de se rendre à l'église. Je suis le mouvement et me retrouve à côté de papa dans la voiture qui suit le corbillard où est montée Catherine. Je ne sais pas où sont mes enfants, il me semble qu'il règne une certaine confusion, mais de toute façon, il n'y a pas de doute sur la destination.

Voici le village, puis la montée vers l'église. J'entends une cloche sonner, je reconnais le glas. Le prêtre nous attend sur le parvis, il salue papa et bénit le cercueil que l'on vient de sortir. L'église est comble. Quand nous entrons à la suite du cercueil, la chorale de la paroisse se met à chanter. Il fait frais dans cette grande nef médiévale qui fut une étape sur le chemin de Saint-Jacques-de-Compostelle. Papa mes sœurs et moi sommes assis au premier rang. À tour de rôle, chacun d'entre nous lit un message, sauf papa qui ne peut pas surmonter son chagrin. Puis vient le moment où je dois prendre la parole.

— Maman…

Ma voix retentit dans l'église, amplifiée par le micro.

— Nous n'avons pas connu ce moment de rémission où l'on peut dire au revoir à celle qui va partir…

Ma voix se brise. Les larmes roulent sur mes joues. Il faut que je continue.

23 mai 2003

— Tu nous as appris, maman, la force de la volonté, comme disait ta propre mère. Je voudrais te dire, maintenant que tu es partie, combien tu m'as manqué ces dernières années. Et combien je regrette que tu n'aies pas connu mes enfants… Je voudrais te dire aussi que je sais que désormais tu es libre… Et que de là où tu nous regardes, tu as retrouvé ton sourire tendre, ton regard vif, ce geste de la main que tu avais pour nous caresser le visage, pour nous consoler quand on était tristes. Au revoir, ma chérie. Au revoir, maman.

À travers mes larmes, je distingue à peine l'assistance.

Les yeux au sol, je regagne ma place. J'entends vaguement la chorale. Je crois que je chante avec les autres *Le Seigneur est mon berger…*

Nous sortons de l'église pour aller au cimetière, le cortège des voitures se forme à nouveau… Tout le village a suivi… On nous épargne la descente du cercueil. Nous passons devant la tombe en la bénissant une dernière fois. Les enfants ont apporté chacun une rose qu'ils déposent. Une ultime prière est dite. Je ne reconnais personne, ni le monsieur qui me sert trop fort la main, ni la dame qui m'embrasse. Papa salue quelques familiers. Tout ce soleil, toute cette chaleur… vite, la maison.

4 juillet 2003

Le vieux prunier

Ma petite maison en bord de mer est écrasée de chaleur.

Le vieux prunier, sans doute assoiffé, manque de feuilles pour nous ombrager, à moins qu'il n'ait la cochenille. Je scrute les branches à la recherche des bourgeons noirs que forment ces parasites. Le pépiniériste m'a donné un conseil désarmant : il n'y a rien à faire. Les produits pour tuer la cochenille, très toxiques, sont désormais interdits, il faut simplement tailler les branches mortes et attendre.

Je suis triste à l'idée que mon prunier puisse mourir. Quel âge a-t-il ? Cinquante, soixante, quatre-vingts ans ?

Assise sous ses branches, j'implore mentalement la déesse des arbres et des moissons : faites que mon prunier ne meure pas ! Que deviendrions-nous sans son ombre protectrice, sans son tronc penché sur la haie, sans ses fruits dorés et juteux dont la chair chaude et sucrée se savoure à chaque retour de plage ? « Auprès de mon arbre, je vivais heureux… », chantait Georges Brassens. Et moi, comment vais-je le remplacer, s'il vient à mourir ? Aurai-je le temps de voir pousser un arbre dont je pourrai goûter les fruits ?

Je ne suis pas retournée sur la tombe de maman. La fréquentation des cimetières, ce n'est pas mon genre, mais je sais comment on honore ses morts, en les portant dans son cœur, en pensant à eux avec douceur et tendresse.

Maman a emporté avec elle la maladie et ses souffrances, je puis maintenant penser à elle avec sérénité. J'ai enfourné dans le sac de la maladie toutes nos disputes. Je ne garde que le bon, le doux, le tendre, le joyeux.

Octobre 2012

In memoriam

On sait ce que vaut pour les peuples le devoir de mémoire. Un devoir impérieux, comme une absolue nécessité en ce début de millénaire.

La mémoire, valeur universelle. C'est bien pratique, la mémoire, c'est un viatique élémentaire qui évite de réfléchir, de se remettre en cause... Se souvenir. Avant tout, se souvenir. Point.

Et oublier très vite !

On a tué toute autre référence, et c'est sur cette angoisse que vient se greffer une maladie que l'on ne connaissait pas, qui porte justement sur ce qui est le plus indispensable à notre survie : la mémoire.

On pourrait croire que ce n'est qu'une forme de démence... Mais non, c'est bien plus que ça, c'est la traduction, dans le privé, dans l'individuel, de cette dépendance absolue – la mémoire collective, la mémoire des ordinateurs, notre disque dur, notre mémoire vive.

Alzheimer est entré dans le langage courant. Personne ne dit plus : « Je suis fatigué » ou « J'ai oublié. » Non, dans le langage convenu, il faut dire : « Oh ! C'est mon Alzheimer ! »

Ce n'est pas seulement une coquetterie de langage, un terme à la mode, ça correspond à une crainte plus profonde.

La mère est la mémoire de la famille. Elle est la gardienne de la mémoire passée. Celle qui met en place la mémoire future. Elle est un passeur. C'est parce qu'elle reste à ce point névralgique que les enfants sont libérés.

Mais quand la mémoire de la mère s'en va, il n'y a plus d'histoire, il n'y a plus de famille.

In memoriam. Sa mémoire s'est envolée, et la famille avec.

Ce que je peux faire pour elle, ce que je peux faire pour nous, c'est lui rendre sa mémoire – faire son travail de mémoire. Son devoir de mémoire.

Parce qu'il faut se souvenir pour pouvoir oublier. Comme on trie de vieilles photos.

Quelle photo d'elle vais-je garder ?

Celle de sa quarantaine triomphante, où elle pose dans le salon de notre maison américaine, avec un faux air de Jackie Kennedy ? Celle d'une jolie femme bronzée, en maillot de bain, portant dans ses bras un bébé blond et chauve ? Celle de la bourgeoise de province, infiniment soucieuse des apparences ? Celle de la jeune fille amoureuse de son aviateur résistant qu'elle n'a cessé d'idéaliser ?

Je sais déjà celle que je veux effacer. Celle de la vieille dame perdue.

Décembre 2012

« Et voilà pourquoi votre fille est muette »

La mort des parents, paraît-il, fait ressurgir toutes les vieilles souffrances, les vieilles rancœurs accumulées. Que dire alors de leur folie ?

Longtemps j'ai pensé que si ma mère était devenue folle, c'est aussi parce qu'elle ne voulait pas nous voir partir, devenir adultes… Parce qu'elle ne voulait pas être seulement un mode de passage de la vie. Pour elle, l'histoire devait s'arrêter avec elle.

Aujourd'hui, je pense que sa folie a aussi déclenché la mienne, ma névrose, mon mutisme forcé, ma voix brisée. Ne plus avoir de voix, c'est comme ne plus avoir de voie. C'est une voie sans issue que d'être condamnée à se taire lorsque son métier est de parler pour rendre compte.

Muette

Au terme de cette écriture me revient cette scène du *Malade imaginaire* : la fille du « Malade » se fait passer pour une muette afin d'échapper à son destin, ou plutôt aux projets que son père a arrêtés pour elle… C'est une étrange ironie du sort que de me remémorer aujourd'hui cette scène, comme si le théâtre, que j'aime tant, me faisait un signe.

Réflexion faite, je suis allée vérifier le texte. Et là, surprise… Cet échange ne figure pas dans *Le Malade imaginaire*, mais dans *Le Médecin malgré lui*… Comédiante ! Tragédiante ! C'est moi qui inverse les rôles.

Ma mère n'était pas malade imaginaire, et si j'ai été médecin malgré moi, finalement, je ne suis plus muette.

Décembre 2012.

Table des matières

1993. Cassée la voix	7
Automne 1992. Les premiers signes	27
Été 2000. L'impossible témoignage	53
1953-1965. Les durs débuts	61
Mars 1994. Un diagnostic ?	81
Avril 1994. L'épuisement	87
Printemps 1998. Les noces d'or	105
Printemps 1999. La distance	113
1965-1972. *Happy days*	119
Été 2000. Un moment de grâce	129
Octobre 2000. Destinée ?	135
Novembre 2000. Contaminée ?	141

Décembre 2000. Contamination, suite 147
Printemps 1973. Tristes noces 149
1978-1983. Mes apprentissages 153
Janvier 2001. Point de repos 161
Février 2001. Œdipe... 171
1983-1993. Carrière ou enfant ? 177
1974-1985-1993. Nos enfants 189
Été 2001. Reconnaissance 197
Automne 2001. Maison 205
1995-1998. Ma tribu 207
Février 2002. Qui es-tu ? 217
Mars 2002 231
Mars 2002 233
21 mai 2003 235
23 mai 2003 241
4 juillet 2003. Le vieux prunier 245
Octobre 2012. *In memoriam* 247
Décembre 2012. « Et voilà pourquoi votre fille est muette » 251

Composition et mise en pages : FACOMPO, LISIEUX

Achevé d'imprimer sur rotative
par l'Imprimerie Darantiere
à Dijon-Quetigny
en février 2013

N° d'impression : 13-0189
Dépôt légal : mars 2013

Imprimé en France